Exerçons-nous

Grammaire

Cours de Civilisation française de la Sorbonne

350 exercices
Niveau moyen

**Y. DELATOUR, D. JENNEPIN,
M. LÉON-DUFOUR,
A. MATTLÉ, B. TEYSSIER**

HACHETTE

58, rue Jean-Bleuzen
92170 VANVES

Learning Resources
Centre

Exerçons-nous

**350 exercices
de grammaire
Niveau débutant**

Bady, Greaves
Petetin

Corrigés

**350 exercices
de grammaire
Niveau moyen**

Delatour, Jennepin,
Léon-Dufour,
Mattlé, Teyssier

Corrigés

**350 exercices
de grammaire
Niveau supérieur**
(à paraître)

Beaujeu, Carlier
Mimran, Torres
Vrillaud-Meunier

Corrigés (à paraître)

**Orthographe de A à Z
350 règles, exercices,
dictées**

Berthelin, Yaiche

Corrigés

**350 exercices
de Français
des Affaires**

Corado,
Sanchez-Macagno

Corrigés

**350 exercices de
vocabulaire** (à paraître)

Eluerd, François

Corrigés (à paraître)

Maquette de couverture : Version Originale.
ISBN : 2-01-016560.8
ISSN : 1142-768X

© Hachette, 1987, 79, boulevard Saint-Germain, F 75006 Paris

Préface

Cinq professeurs, particulièrement qualifiés, des Cours de Civilisation française de la Sorbonne ont préparé avec le plus grand soin ce cahier d'exercices. Lorsqu'ils l'ont jugé parvenu au stade des ultimes vérifications, ils l'ont soumis à leurs collègues et ces derniers l'ont utilisé dans leurs classes, avant de présenter aux auteurs les observations que leur suggéraient les réactions de nos étudiants étrangers. Ce livre est donc né d'une réflexion théorique et d'une expérience depuis longtemps et encore tout récemment pratiquée sur le terrain. Le résultat me paraît excellent et je crois qu'il fait honneur à notre établissement.

Ces professeurs exposent dans l'introduction qu'on lira ci-après les principes qui les ont guidés. Je me bornerai à trois remarques.

Tout d'abord, il me semble qu'ils ont eu raison de respecter, sans privilégier le souci de la facilité, une idée noble de la grammaire, protocole d'une pensée claire, rigoureuse et nuancée. Certes ils seront lus par des étudiants qui, pour la connaissance du français, se situent à un niveau moyen. Ils n'ont pas cru nécessaire de les supposer, pour autant, moyennement intelligents.

Ma deuxième remarque concerne la réalité concrète à laquelle sont empruntées ces centaines de phrases. Elle n'est jamais vulgaire et les élèves y trouveront l'occasion de questions sur les aspects quotidiens de notre civilisation. Ainsi ce livre pourra se révéler utile au-delà de son efficacité grammaticale.

J'ajoute (parenthèse non conformiste) que la lecture de ces exercices comportera, pour quelques-uns, un certain divertissement. C'est que, d'abord, ici ou là, ils nous engagent, même si nous croyons savoir très bien le français, à sourire de nos propres perplexités. Surtout, avant de rétablir des liaisons logiques là où elles ont été volontairement occultées, on pourra s'amuser de ces vides à remplir, de ces désordres à débrouiller. Comment, par exemple, ne pas rêver un instant, avant de se mettre au travail, sur un exercice comme celui de la page 17 :

Je mange les fraises . . . . *sans manches*

et plus loin

Elle porte une robe . . . . *comme dessert*

Je trouve dans cette confusion un rien de poésie énigmatique, qui mérite un regard, avant que la prosaïque grammaire ne vienne répandre sa lumière sur chaque phrase reconstituée.

Jacques ROBICHEZ

Professeur émérite à la Sorbonne

Directeur des Cours de Civilisation française
de la Sorbonne

Introduction

Ce manuel, destiné aux étudiants de niveau moyen des Cours de Civilisation française de la Sorbonne, s'adresse également à tous ceux qui souhaitent acquérir les mécanismes de la langue française par une étude systématique de la grammaire.

Une longue expérience de l'enseignement du français aux étrangers nous a démontré la nécessité ainsi que l'efficacité d'une telle étude. Nous avons privilégié les structures les plus courantes, en éliminant les constructions rares, littéraires ou trop complexes, au profit de celles que nous considérions comme indispensables à un niveau d'expression qui n'est plus celui de débutants.

La classification adoptée est une classification traditionnelle : articles, pronoms, adverbes... Chaque chapitre se présente de la façon suivante : le problème grammatical est étudié dans des exercices qui procèdent du simple au complexe ; viennent ensuite des exercices de synthèse qui permettent à l'étudiant de vérifier ses connaissances. Par exemple, le chapitre intitulé « Les articles » est ainsi composé : 1. Étude des formes et des emplois des trois articles : les exercices opposent l'article indéfini à l'article défini et à l'article partitif. 2. Étude des modifications des articles : dans des phrases négatives et devant l'adjectif au pluriel. 3. Omission de l'article : dans les expressions de quantité, dans les compléments déterminatifs et après la préposition « de ». 4. Exercices de révision.

Les chapitres de morphologie précèdent les chapitres de syntaxe, mais ce classement ne constitue pas un impératif pédagogique : en effet, chaque chapitre forme une unité en soi et peut être étudié séparément. Mais il est bien évident que les difficultés grammaticales se recoupent fréquemment ; nous l'avons alors signalé par des renvois. Ainsi, dans le chapitre « L'emploi des temps de l'indicatif », on trouvera, à la suite des exercices concernant l'imparfait, un renvoi au chapitre « L'expression de la condition ».

Enfin, un dernier chapitre propose des exercices de révision où les difficultés sont mêlées. L'étudiant, parvenu à la fin du manuel, doit être capable de les reconnaître, puis de les résoudre, sans les points de repère qui le guidaient jusqu'à présent à l'intérieur de chaque chapitre.

En ce qui concerne le vocabulaire, nous avons veillé à n'utiliser que des termes usuels et appartenant à des domaines variés, en écartant toute familiarité.

Nous souhaitons que ce manuel soit un instrument de travail efficace pour l'étudiant travaillant seul ou en classe, et qu'il lui donne les moyens et le goût d'approfondir sa connaissance de notre langue, et par là, de notre pays et de sa civilisation.

Les Auteurs

1. Les **astérisques** (*) signalent des exercices d'un niveau un peu plus difficile.

2. Le **ne explétif** a toujours été employé, mais son usage n'étant pas obligatoire, il a été présenté entre parenthèses.

Exemple : Je crains qu'il (ne) pleuve.

3. Dans les exercices à compléter :

— **trois points** doivent être remplacés par un mot ou un groupe formant une unité sémantique ;

Exemple :
Je . . . ai téléphoné. ⟶ Je **lui** ai téléphoné.
Ils ne sont pas venus . . . la neige. ⟶ Ils ne sont pas venus **à cause de** la neige.
Ton gilet est rouge comme . . . ⟶ Ton gilet est rouge comme **le mien**.

— **deux groupes de trois points** correspondent à deux unités différentes ;

Exemple :
Je . . . . . . donnerai. ⟶ Je **te le** donnerai.
J'ai vu . . . . . . étaient là. ⟶ J'ai vu **ceux qui** étaient là.

— **neuf points** indiquent que la phrase est à compléter par un nombre de mots indéterminé.

4. La contraction des prépositions « à » et « de » avec l'article défini doit être faite par l'étudiant.

Exemple :
Nous allons à . . . théâtre. ⟶ Nous allons **au** théâtre.
Il a fermé la porte . . . le garage. ⟶ Il a fermé la porte **du** garage.

Sommaire

Chapitre premier

Les articles

1. 2. 3.	Formes de l'article
4. 5. 6. 7.	Emploi des trois articles
8.	Révision 1
9. 10. 11.	Modifications des articles indéfinis et partitifs
12. à 20.	Omission de l'article
21.	Révision 2

1. **Compléter les phrases suivantes par :**

A/ **l'article indéfini**

1. Ils ont deux enfants : ... garçon et ... fille.

2. J'ai ... meubles anciens dans mon salon.

3. Elle a acheté ... sandales blanches pour l'été.

B/ **l'article défini**

1. Mets ... assiettes dans ... lave-vaisselle !

2. Ferme ... fenêtre !

3. J'ai rencontré M. Berteau dans ... escalier.

4. ... abeille est un insecte qui fait du miel.

5. ... *Déjeuner sur* ... *herbe* est un célèbre tableau de Manet.

6. Tout le monde se plaint de ... hausse des prix.

7. ... haut de la montagne est couvert de neige.

8. ... cerisiers que j'ai plantés il y a cinq ans donnent déjà des fruits.

9. J'aime beaucoup ... haricots verts.

C/ **l'article partitif**

1. Les tartines beurrées sont encore meilleures avec . . . confiture.

2. En général, les Français boivent . . . vin aux repas.

3. Il faut avoir . . . patience pour faire un puzzle.

4. Elle a . . . goût et elle s'habille très bien.

5. Dans le Nord, on trouve . . . charbon et . . . fer avec lesquels on fait . . . acier.

6. Cette centrale nucléaire fournit . . . énergie à toute la région.

7. J'ai préparé . . . épinards à la crème pour ce soir.

2. **Compléter par l'article défini (contracté ou non):**

A/ 1. Le livre de . . . professeur.

2. Les portières de . . . voiture.

3. La cloche de . . . église.

4. La lecture de . . . journaux.

5. Les branches de . . . arbres.

6. L'entrée de . . . tunnel.

7. Le musée de . . . Homme.

B/ 1. Téléphone à . . . médecin.

2. Je vais à . . . banque !

3. Pensez à . . . avenir !

4. Elle s'intéresse à . . . autres !

5. Jouons à . . . cartes !

6. Allons à . . . hôtel !

7. Soyez à . . . heure !

3. **Mettre les noms en caractères gras au singulier et faire les accords nécessaires:**

1. M. et Mme Leroy ont parlé aux **professeurs** de leur fils.

2. Le chef du Personnel a demandé l'avis des **syndicats**.

3. Les **résultats** des **examens** seront affichés demain.

4. Elle a raconté une histoire aux **enfants**.

5. Catherine a accroché des tableaux aux **murs**, et elle a mis des rideaux aux **fenêtres**.

6. Ils ont parlé des derniers **films** de Jean-Luc Godard.

7. Elle n'a pas besoin des autres **dictionnaires**.

4. **Compléter les phrases suivantes par l'article qui convient :**

1. «Pour la table 6, ... thé au lait et ... chocolat chaud!» a crié le serveur.

2. J'ai acheté ... thé de Chine.

3. J'ai commandé au boucher ... poulet pour six personnes.

4. A la cantine, on sert ... poulet aux enfants une fois par semaine.

5. Dans le bac à légumes du réfrigérateur, il reste ... chou-fleur et trois artichauts.

6. Veux-tu encore ... chou-fleur?

5. **Compléter les phrases suivantes par l'article qui convient :**

1. Il y a ... station de métro tout près d'ici ; c'est ... station Concorde.

2. ... café m'empêche de dormir.

3. J'aime bien prendre ... tasse de café après ... déjeuner.

4. Mathilde fume ... cigarettes blondes.

5. Mathilde n'aime que ... cigarettes blondes.

6. ... dimanche, nous allons souvent à ... cinéma.

7. Ma fille est née ... dimanche.

8. Feriez-vous lire ce livre à ... enfant de huit ans?

9. Dans ... écoles primaires, on fait faire ... travaux manuels à ... enfants.

10. En général, ... villes de province offrent moins d'activités culturelles que Paris ; cependant, il y a ... villes très vivantes qui organisent ... concerts, ... expositions, ... représentations théâtrales et ... festivals en été.

6. **Compléter les phrases suivantes par l'article qui convient :**

A/ 1. — ... Soleil éclaire la Terre.

   — Hier, il y a eu ... soleil presque toute la journée.

   — Ce jour-là, il faisait ... soleil magnifique.

2. — On dit souvent que ... argent ne fait pas le bonheur.

   — Il a demandé ... argent à son père.

   — Cet homme gagne ... argent fou!

3. — ... fromage est riche en calcium.

   — Nous mangeons souvent ... fromage.

   — Le munster est ... fromage fort.

4. — Denis a trouvé ... travail très bien payé.

   — Le professeur nous a donné ... travail pour demain.

   — Cécile aime beaucoup ... travail qu'elle fait.

B/   **Imiter les phrases de l'exercice 6.A en employant les noms suivants :**

a)   eau

b)   bruit

c)   vent

*7.   **Indiquer la nature des mots en caractères gras (article indéfini, défini contracté, partitif ou préposition + article défini) :**

Exemple :
Il s'est servi **du** magnétoscope.   *du = article contracté*
Il boit **du** thé.   *du = article partitif*

1.   Il joue **du** violon.

2.   Le bateau s'éloigne **du** port.

3.   Elle fait **du** sport tous les dimanches.

4.   Nous avons parlé **des** examens du semestre dernier.

5.   Nous avons passé **des** examens.

6.   Il s'est approché **de la** fenêtre pour voir ce qui se passait dans la rue.

7.   Nous avons reçu **des** nouvelles de notre fille.

8.   Je me souviendrai toujours **des** vacances que nous avons passées en Crète.

9.   Le feu va s'éteindre. Remets **du** bois dans la cheminée.

*8.   **Compléter le texte suivant par les articles qui conviennent :**

Alexis et Geneviève ont ... très joli salon. Sur ... sol, ils ont fait poser ... moquette et, sur ... murs, ... papier peint. Dans ... angle de ... pièce, ils ont installé ... canapé et, en face, ... fauteuils. Entre ... canapé et ... fauteuils, sur ... table basse, ils ont disposé ... bibelots qu'ils ont rapportés de leurs voyages.

9.   **Mettre les phrases suivantes à la forme négative :**

A/   1.   Il y a une lampe sur la table.

2.   On voyait de la lumière aux fenêtres.

3.   J'ai acheté des œufs au marché.

4.   Les Berger ont un jardin.

5.   Les étudiants avaient des questions à poser.

6.   On a trouvé de l'uranium dans cette région.

7.   Il avait du travail à faire.

B/   1.   C'est du thé de Ceylan.

2.   C'est un film en version originale.

3.   Ce sont des touristes étrangers.

4.   C'est de l'or pur.

5.   Ce sont des bonbons à la menthe.

10.   Répondre négativement aux questions suivantes (ne pas employer de pronom personnel) :

1.   Avez-vous un ordinateur chez vous ?

2.   Regardez-vous régulièrement le journal télévisé ?

3.   Est-ce que les enfants peuvent boire du vin ?

4.   Faites-vous la cuisine tous les jours ?

5.   Y a-t-il encore des feuilles sur les arbres en décembre ?

6.   Avez-vous peur des araignées ?

7.   Mettez-vous du sucre dans votre café ?

8.   Mme Lebrun s'occupera-t-elle encore de la bibliothèque de l'école l'an prochain ?

9.   Portez-vous des lentilles de contact ?

10.   Est-ce que ce sont des fleurs naturelles ?

11.   Y a-t-il un distributeur automatique de billets de banque dans le quartier ?

12.   Est-ce que quelqu'un s'est servi des ciseaux ? Je ne les retrouve plus.

11.   Mettre au pluriel les groupes de mots en caractères gras et faire les accords nécessaires :

A/   1.   J'ai acheté **une affiche** au Centre Pompidou.

2.   J'ai acheté **une belle affiche** au Centre Pompidou.

3.   Il a **un ami américain**.

4.   Il a **un très bon ami américain**.

5.   On a construit **un nouveau quartier** à la périphérie de la ville.

6.   A cette réunion, j'ai rencontré **un ancien camarade d'école**.

*B/   1.   David a invité **un petit ami** à goûter.

2.   C'est **un jeune homme très sympathique**.

3.   J'ai lu **une petite annonce intéressante** dans *Le Figaro*.

4.   A quatorze ans, vous n'êtes plus **une petite fille**, vous êtes déjà **une jeune fille**.

5.   Excusez-moi ! J'ai oublié de vous donner **une petite cuillère**.

6.   La maîtresse a grondé l'enfant qui avait dit **un gros mot**.

7.   J'ai fait tomber **un petit pois** par terre.

12. **Imiter l'exemple suivant:**

*Mes enfants font **du ski**. (beaucoup)*
→ *Mes enfants font **beaucoup de ski**.*

1. N'allons pas à la plage aujourd'hui! Il y a **du vent**. *(trop)*
2. Cette année, Jean-Christophe a **du temps** pour faire du piano. *(plus)*
3. Rajoute **de la crème** dans les épinards! *(un peu)*
4. Les Forestier ont-ils **des enfants**? *(combien)*
5. Y a-t-il **des verres** pour tout le monde? *(assez)*
6. A Paris, on rencontre **des étudiants étrangers**. *(beaucoup)*
7. Jean-Michel a **des amis**. *(peu)*

13. **Utiliser les mots *kilo, livre, litre, mètre, heure* et imiter l'exemple:**

*J'ai acheté **du** sucre.*
→ *J'ai acheté **un kilo de** sucre.*

1. Pour faire cette crème au chocolat, il faut **du** lait.
2. Donnez-moi **des** pêches, s'il vous plaît monsieur!
3. J'ai commandé **du** tissu pour faire des rideaux.
4. Il y a encore **du** beurre dans le congélateur!
5. A quatre-vingts ans, il faisait **du** tennis une fois par semaine.

14. **Relier les éléments de la colonne de gauche aux éléments de la colonne de droite en inscrivant les lettres correspondantes dans les cases:**

A - Un paquet de		aspirine
B - Un bol de		sucre en poudre
C - Un bouquet de		pain
D - Un pot de		dentifrice
E - Une carafe de	A	cigarettes
F - Une tranche de		eau
G - Une goutte de		café au lait
H - Un cachet de		vin
I - Une cuillerée de		tulipes
J - Un morceau de		confiture
K - Un tube de		jambon

15. Relier les éléments de la colonne de gauche aux éléments de la colonne de droite en inscrivant les lettres correspondantes dans les cases :

A - Un verre de/en	☐	cristal
B - Une robe de/en	☐	cuir
C - Un pantalon de/en	☐	métal argenté
D - Un chapeau de/en	☐	soie
E - Une veste de/en	☐	paille
F - Des couverts de/en	☐	velours

16.

A/ Compléter les phrases suivantes par un article défini si nécessaire :

1. Il y a des clefs de . . . voiture sur la table. A qui sont-elles ?

2. Les clefs de . . . voiture de Jean-Baptiste sont dans le tiroir.

3. Quelles sont les dates de . . . vacances de Noël cette année ?

4. Quelles sont vos dates de . . . vacances ?

5. Ce plan indique tous les arrêts de . . . autobus.

6. L'arrêt de . . . autobus 63 a été déplacé.

7. Ce professeur a écrit une histoire de . . . France au Moyen Âge.

8. Ce livre d'histoire de . . . France est utilisé dans beaucoup d'écoles.

B/ Compléter les phrases suivantes :

1. Il a perdu sa carte de . . . dans le métro.

2. J'ai acheté un livre de . . .

3. Mes parents ont une maison de . . . à 60 kilomètres de Paris.

4. N'oublie pas d'emporter ton maillot de . . .

5. Charlie Chaplin est un acteur de . . . très connu.

6. Il m'a donné un billet de . . .

7. Dans ce magasin de . . ., on trouve tout pour le ski, le tennis, etc.

17. Mettre au pluriel les groupes de mots en caractères gras :

1. — Elle s'occupe **de l'enfant** de sa sœur le mercredi.
   — Cette jeune femme s'occupe **d'un enfant handicapé**.

2. — Paul et Christine ont parlé **d'une actrice** que je ne connais pas.
   — Ils ont parlé **de l'actrice qui vient** d'obtenir un « César ».

3. — Pour dessiner, l'enfant se sert **d'un crayon feutre**.
   — Il s'est servi **du crayon** de son frère.

4. J'ai besoin **d'une pile neuve** pour ma radio.

5. Il se plaint **d'un mal de tête**.

6. Je ne me souviens plus **du nom de cette personne**.

18. **Compléter les phrases suivantes par un article si cela est nécessaire:**

1. Le château de Chambord est entouré de ... mur de 32 kilomètres de long.

2. Une île, c'est un morceau de terre entouré de ... eau.

3. La célèbre actrice entra, entourée de ... photographes.

4. La table était couverte de ... nappe blanche.

5. Le bureau était couvert de ... livres et de ... documents.

6. C'était l'hiver; tout était couvert de ... neige.

7. Ce tiroir est plein de ... photos.

8. L'alcoolisme est responsable de ... mort de nombreuses personnes.

9. Derrière l'école, il y a une cour plantée de ... arbres.

10. Le verbe «ressembler» est toujours suivi de ... préposition «à».

11. Ce verbe est toujours suivi de ... complément d'objet direct.

19.

A/ **Relier les éléments de la colonne de gauche aux éléments de la colonne de droite en inscrivant les lettres correspondantes dans les cases:**

A - Une boîte à...		ongles
B - Un sac à...		dents
C - Une corbeille à...		main
D - Du rouge à...		outils
E - Du vernis à...		papiers
F - Une brosse à...		pain
G - Du papier à...		lèvres
H - Un couteau à...		lettres

B/ **Compléter par un nom précédé d'un article défini:**

1. Du café à...

2. Une tarte à...

3. Un croissant à...

4. Une glace à...

5. Un poulet à...

*20. Relier les éléments de la colonne de gauche aux éléments de la colonne de droite en inscrivant les lettres correspondantes dans les cases :

A - Elle a fait cet exercice	☐	sans manches.
B - Je mange les fraises	☐	en mathématiques.
C - Roulez	☐	avec prudence.
D - Ils habitent un vieil appartement	☐	comme dessert.
E - J'ai traduit ce texte	☐	comme jeune fille au pair.
F - Elle porte une robe	☐	sans fautes.
G - Elle travaille	☐	en bonne santé.
H - Le directeur est occupé ; il est	☐	avec un dictionnaire.
I - L'enfant est	☐	en réunion.
J - Je prendrai une pêche melba	☐	avec patience.
K - Il l'a écouté	☐	avec du sucre.
L - Il est très bon	☐	en vacances.
M - Nous partirons bientôt	☐	sans confort.

21. Compléter les textes suivants par un article si nécessaire :

*A/ . . . ville de Chartres se trouve à . . . centre de . . . grande région agricole qui produit surtout . . . blé. . . . célèbre cathédrale est entourée de . . . vieilles maisons ; c'est . . . magnifique exemple de . . . art gothique du XIIᵉ siècle. Toute l'année, . . . nombreux touristes viennent la visiter. Avec . . . plan de . . . ville, ils vont aussi se promener dans . . . rues bordées de . . . maisons de . . . Moyen Âge.

*B/ **Recette du quatre-quarts.** Préparation 20 mn. Cuisson 40 à 45 mn.

Trois œufs et . . . même poids de . . . sucre, de . . . farine et . . . beurre, . . . zeste de . . . citron râpé, . . . pincée de . . . sel.

Travailler dans . . . bol . . . jaunes avec . . . sucre pour obtenir . . . mélange blanc et mousseux.

Ajouter alternativement un peu de . . . farine, un peu de . . . beurre. Bien mélanger . . . pâte. Ajouter . . . zeste. Mettre alors . . . blancs battus en neige très ferme. Verser . . . préparation dans . . . moule bien beurré. Faire cuire à four moyen, puis chaud.

Chapitre 2

Les adjectifs et les pronoms démonstratifs

1. 2. 3.	Adjectifs démonstratifs
4. à 8.	Pronoms démonstratifs

1. **Compléter les phrases suivantes par l'adjectif démonstratif qui convient :**

1. Je vous prête ... stylo mais n'oubliez pas de me le rendre.

2. ... couleur te va très bien.

3. ... fleurs sont fanées.

4. Nous reviendrons pique-niquer dans ... endroit, il est très agréable.

5. Nous avons réservé des chambres dans ... hôtel.

6. ... ciseaux ne coupent pas bien.

7. ... arbre a un feuillage magnifique en automne.

8. Je ne connais pas ... homme.

9. ... vieil homme avait perdu une jambe à la guerre de 1914.

2. **Mettre les groupes de mots en caractères gras au singulier en faisant les accords nécessaires :**

1. Qui a cassé **ces assiettes** ?

2. **Ces exercices** n'étaient pas très difficiles.

3. Goûte **ces pêches**. Elles sont délicieuses.

4. **Ces villages** du Lubéron sont très pittoresques.

5. Fais attention à **ces enfants** qui traversent la rue !

6. **Ces journaux** paraissent le soir.

7. J'ai rencontré **ces amis** au Club Méditerranée.

3. **Compléter les phrases suivantes par l'adjectif démonstratif qui convient :**

1. . . . air était très populaire dans les années 1930.

2. Il y aura sans doute une grève mardi ; dans . . . cas-là, je prendrai ma voiture.

3. « Quand Paul rentre-t-il de voyage ?
   — Il doit rentrer . . . jours-ci. »

4. . . . mois-ci, le président de la République a parlé trois fois à la télévision.

5. L'écrivain Colette avait une maison sur la Côte d'Azur ; à . . . époque-là, il y avait beaucoup moins de touristes que maintenant.

6. Prenez . . . modèle-là ! Il vous va très bien.

7. Tu vois le supermarché ? A . . . endroit-là, il y avait autrefois une vieille maison dans un grand jardin.

8. A . . . âge, un enfant a besoin de sommeil.

4. **Remplacer les groupes de mots en caractères gras par un pronom démonstratif :**

A/ *Exemple :*
Ton stylo ne marche pas ; prends **ce stylo-là** !
⟶ Ton stylo ne marche pas ; prends **celui-là** !

1. Ces tableaux de Monet représentent tous les deux la cathédrale de Rouen ; **ce tableau-ci** n'a pas les mêmes couleurs que **ce tableau-là.**

2. Cette moquette me plaît beaucoup, mais je vais prendre **cette moquette-là** parce qu'elle sera moins fragile.

3. J'ai fait des crêpes ; nous mangerons **ces crêpes-ci** à midi et ces **crêpes-là** au goûter.

4. Ces meubles sont vraiment anciens mais **ces meubles-là** sont des copies.

B/ *Exemple :*
Autrefois, dans ce village, il y avait deux écoles : **l'école** des filles et **l'école** des garçons.
⟶ Autrefois, dans ce village, il y avait deux écoles : **celle** des filles et **celle** des garçons.

1. Le train de 8 heures est direct, mais **le train** de 8 h 02 est omnibus.

2. Cette opinion n'est pas **l'opinion** de tout le monde.

3. Jeanne d'Arc a entendu des voix : **les voix** de saint Michel, sainte Marguerite et sainte Catherine.

4. Nos enfants jouent souvent avec **les enfants** de nos voisins.

5. Le château de Schönbrunn ressemble **au château** de Versailles.

6. Elle parle toujours de ses difficultés mais elle ne s'intéresse jamais **aux difficultés** des autres.

7. Le style de Zola est bien différent **du style** de Chateaubriand.

5. **Compléter les phrases suivantes par le pronom démonstratif qui convient :**

1. J'entends une voiture ; c'est sans doute ... de Xavier.

2. Laquelle de ces deux cravates préfères-tu ? ... ou ... ?

3. Dans ce tiroir-ci, il y a du papier à lettres et tu trouveras des enveloppes et des timbres dans ...

4. Si vous voulez voir un film drôle, je vous conseille ...

5. Nous avons visité beaucoup de maisons avant d'acheter ... où nous sommes maintenant.

6. Choisissez les skis qui vous conviendront le mieux : ... sont en plastique, ... sont métalliques.

7. J'aime beaucoup les fraises, particulièrement ... qui viennent du Périgord.

8. Dans cet immeuble, tous les appartements ont un balcon sauf ... du rez-de-chaussée qui ont un petit jardin.

6. **Compléter les phrases suivantes par le pronom *ce* ou le pronom *ceux* :**

1. Il n'écoute jamais ... que je lui dis.

2. Il n'écoute jamais ... qui lui donnent des conseils.

3. ... qui ont fini leur examen peuvent sortir.

4. Personne ne savait ... qui s'était passé.

5. Ma grand-mère m'a demandé ... dont j'avais envie pour Noël.

6. Relis-moi ... que tu viens d'écrire !

7. Tous ... qui en ont envie peuvent venir avec nous.

8. Les biscuits aux amandes sont ... que je préfère.

*7. **Compléter les phrases par le pronom *ce* ou *cela (ça)* :**

1. Nous sommes en hiver, mais bientôt ... sera le printemps.

2. Viens demain ou après-demain. ... m'est égal.

3. Viens demain ! ... est important.

4. « Je suis désolé, je n'ai pas d'argent liquide.
   — ... n'a pas d'importance, vous pouvez faire un chèque. »

5. Ne t'énerve pas ! ... ne sert à rien.

6. Je suis obligé de manquer mon cours demain ; ... est ennuyeux.

7. Je suis obligé de manquer mon cours demain ; ... m'ennuie beaucoup.

8. ... n'est pas la peine d'envoyer cette lettre en exprès.

9. J'achèterai un kilo de fraises pour le dessert ; ... suffira pour six personnes.

10. Il m'a posé toutes sortes de questions ; ... m'a mis en colère et je lui ai répondu : « ... ne te regarde pas ! »

11. Blériot traversa la Manche pour la première fois en 1909 ; ... fut un événement dans l'histoire de l'aviation.

12. Trouver un appartement au Quartier latin, ... serait l'idéal !

*8. **Remplacer les pointillés par un des groupes de mots de la liste suivante :**

comme ça	ça l'a rendu malade	ça me fait grossir
avec ça	ça lui fera plaisir	ça ne fait rien
sans ça	ça lui faisait peur	
à ça	ça lui a beaucoup plu	

Exemple :
Ne crie pas . . . .
⟶ Ne crie pas **comme ça** !

1. Je ne mange pas de pain, ...

2. Va voir Catherine à l'hôpital, ...

3. J'ai donné un grand coup de frein ; . . . . j'aurais brûlé le feu rouge.

4. Il a passé deux semaines en Islande, ...

5. D.U.P.O.N.D., son nom s'écrit . . . .

6. Charles a mangé trop de choux à la crème, ...

7. Les vacances, les enfants ne pensent que . . . .

8. Voilà vos tomates, madame, et, ... , qu'est-ce que je vous donne ?

9. Ma grand-mère n'a jamais voulu prendre l'avion, ...

10. La banque est déjà fermée ; . . . . , j'irai demain.

Chapitre 3

Les adjectifs et les pronoms possessifs

1. **Remplacer les pointillés par un adjectif possessif :**

1. Dans . . . sac, j'ai toujours . . . porte-monnaie, . . . carte d'identité et . . . clefs.

2. Jean, en rentrant à la maison, tu prendras . . . goûter, puis tu iras dans . . . chambre et tu feras . . . devoirs.

3. Dans . . . sac de sport, elle a mis . . . affaires de tennis et . . . raquette.

4. Le spectacle a été magnifique, et tout le monde était content de . . . soirée.

5. Martine et moi, nous avons invité tous . . . amis pour fêter . . . dixième anniversaire de mariage.

6. Avez-vous rendu . . . devoirs à . . . professeur ?

7. Les Rey vont passer . . . vacances dans . . . villa de La Baule.

8. Pour la soirée de fin d'année, chacun apportera . . . disques.

2. **Compléter les phrases suivantes en imitant les modèles donnés :**

Il a rangé ses affaires dans s. . . armoire.
——➤ *Il a rangé ses affaires dans **son** armoire.*

Il a rangé ses affaires dans s. . . nouvelle armoire.
——➤ *Il a rangé ses affaires dans **sa** nouvelle armoire.*

1. M. . . meilleure amie s'appelle Patricia.

2. M... amie Patricia va se marier samedi.

3. J'ai t... ancienne adresse.

4. Peux-tu me donner t... nouvelle adresse?

5. Ma grand-mère a vendu s... belle horloge du XVIIIe siècle.

6. M... horloge ne marche plus, il faut la faire réparer.

7. Van Gogh a quitté s... Hollande natale pour venir peindre dans le Midi de la France.

3. **Compléter les phrases suivantes par l'adjectif possessif qui convient :**

1. J'ai relu ... dictée et j'ai corrigé ... fautes.

2. Nous avons relu ... dictée et nous avons corrigé ... fautes.

3. La veille de ... départ, Marie a préparé ...bagages et a mis ... réveil à sonner à 5 heures.

4. La veille de ... départ, Pierre et Marie ont préparé ... bagages et ont mis ... réveil à sonner à 5 heures.

5. Il a salué ... voisin et lui a demandé des nouvelles de ... enfants.

6. Ils ont salué ... voisins et leur ont demandé des nouvelles de ... enfants.

7. Tu as laissé ... briquet et ... cigarettes chez moi.

8. Vous avez laissé ... briquet et ... cigarettes chez moi.

4. **Remplacer le groupe de mots en caractères gras par le pronom possessif qui convient :**

Exemple :
Ton fils a le même âge que **mon fils**.
⟶ Ton fils a le même âge que **le mien**.

1. Vous pouvez ranger vos affaires avec **mes affaires**.

2. Mon appartement mesure 60 mètres carrés comme **votre appartement**.

3. Mes parents se souviennent très bien de **vos parents**.

4. Jean est un de mes très bons amis et mon père joue souvent au tennis avec **le père de Jean**.

5. « Est-ce que c'est votre chien qui a aboyé toute la nuit?
— Non, ce n'est pas **notre chien**. »

6. Nous manquions de chaises et nos voisins nous ont prêté **leurs chaises**.

7. Clotilde et moi, nous avons pris beaucoup de photos en Grèce. **Mes photos** sont moins bonnes que **ses photos**.

8. Il s'inquiète beaucoup de son avenir; et toi, penses-tu à **ton avenir**?

5. **Compléter les phrases suivantes par un pronom possessif :**

1. Nous allons camper en Corse. Pourriez-vous nous prêter votre tente qui est plus grande que ... ?

2. Je donne des graines à mes oiseaux. Et toi, que donnes-tu à ... ?

3. A l'hôpital, les malades prennent leur repas à 18 heures et le personnel soignant prend ... à 20 heures.

4. Tout le monde n'a pas les mêmes goûts, chacun a ...

5. J'ai rempli ma déclaration de revenus, et toi, n'oublie pas de remplir ...

6. Je ne parle jamais de mes soucis à Robert, mais lui, il me parle toujours de ...

7. Les Dupuy ont envoyé leur fille aux États-Unis, mais les Clément n'ont pas voulu que ... y aille.

8. J'ai trouvé une écharpe ; quelqu'un a-t-il perdu ... ?

6. **Compléter les phrases suivantes par un article défini :**

A/ 1. Les enfants, lavez-vous ... mains avant le déjeuner !

2. Je me suis brûlé ... langue en buvant du thé trop chaud.

3. Il faut se brosser ... dents au moins deux fois par jour.

4. Elle se fait couper ... cheveux tous les deux mois.

5. Didier s'est laissé pousser ... barbe.

B/ 1. Quelqu'un m'a marché sur ... pied dans l'autobus.

2. Le chat a griffé l'enfant qui lui avait tiré ... queue.

3. Il nous a serré ... main en arrivant.

4. Pour remercier sa grand-mère, il l'a embrassée sur ... deux joues.

5. La mère a pris son fils par ... main pour traverser la rue.

C/ 1. Ma fille a ... yeux bleus et ... cheveux blonds.

2. Ma sœur et moi, nous avons ... teint clair.

3. J'ai ... pied droit un peu plus fort que ... pied gauche.

4. Quand quelqu'un est généreux, les Français disent de lui : « Il a ... cœur sur ... main. »

5. Mon oncle a ... sourcils très épais.

*7. **Compléter les phrases suivantes par un article défini ou par un adjectif possessif :**

1. On m'a volé ... sac dans le métro.

2. Le professeur de gymnastique a dit à ses élèves : « Levez ... bras et pliez ... genoux ! »

3. Il nous a tourné ... dos.

4. J'ai mal à ... tête depuis ce matin.

5. Mon père a perdu presque tous ...cheveux, pourtant il n'a que quarante-cinq ans.

6. Elle sait très bien se maquiller ... yeux.

7. Pour jouer dans la neige, tu mettras ... bottes et ... bonnet.

8. Cet enfant se ronge ... ongles.

9. A ... âge, tu suces encore ... pouce !

10. Il fume tellement qu'il a ... doigts tout jaunes.

L'expression de la possession.

8. **Imiter les exemples suivants :**

A/ *Est-ce que ce stylo est à toi ?*
⟶ | *Oui, **il est à moi**.*
| *Oui, c'est **mon stylo**.*
| *Oui, c'est **le mien**.*

1. Est-ce que ce briquet est à vous ?
Oui, ...

2. Est-ce que ces affaires de sport sont à toi ?
Oui, ...

3. Est-ce que ces disques sont à nous ?
Oui, ...

B/ *Est-ce que cette voiture est à Michel ?*
⟶ | *Oui, **elle** est à **lui**.*
| *Oui, c'est **sa** voiture.*
| *Oui, c'est **la sienne**.*
| *Oui, c'est **celle** de Michel.*

1. Est-ce que cette écharpe est à Béatrice ?
Oui, ...

2. Est-ce que ce chien est au gardien de l'immeuble ?
Oui, ...

3. Est-ce que ces vélos sont à vos enfants ?
Oui, ...

C/ *Est-ce que ce château appartient encore à la famille Meunier?*
→ *Oui, il **lui** appartient encore.*

1. Est-ce que ce superbe voilier appartient aux parents de ton ami?

2. Est-ce que les objets de la classe appartiennent au professeur?

3. Est-ce que, dans l'Antiquité, les esclaves appartenaient à leur maître?

9. Imiter l'exemple suivant :

*« J'ai trouvé un parapluie rouge dans le vestiaire. A qui est-**il**?*
*— **Il** est à moi. »*
*« J'ai trouvé un parapluie rouge dans le vestiaire. A qui est-**ce**?*
*— **C'est** à moi. »*

1. J'ai trouvé un petit dictionnaire français-espagnol. A qui est-il? A qui est-ce?

2. Voici des clefs. A qui sont-elles? A qui est-ce?

3. J'ai trouvé un porte-monnaie marron avec 100 francs dedans. A qui est-il? A qui est-ce?

4. Quelqu'un a laissé ses gants près du téléphone. A qui sont-ils? A qui est-ce?

5. Il y a un foulard sur la chaise. A qui est-il? A qui est-ce?

6. Il y a des cigarettes sur le bureau. A qui sont-elles? A qui est-ce?

*10. Trouver une question pour chacune des réponses suivantes :

1. Elle est à Marguerite.

2. Ce sont ceux de Claude.

3. Non, ce n'est pas le leur.

4. Oui, elle leur appartient.

5. C'est celle de Christine.

6. Non, ce ne sont pas les miennes.

7. Non, il n'est pas à nous.

8. Non, ce n'est pas à elle.

9. Non, il ne m'appartient pas.

10. Oui, ce sont les nôtres.

Chapitre 4

L'identification et la description

1.	Emploi de *c'est/il est*
2.	Identification
3. à 8.	Description
9.	Localisation
10. 11. 12.	Mesures

1. **Imiter l'exemple suivant :**

« Est-ce que vous connaissez ce monsieur ?
*— Oui, **c'**est mon voisin, **il** est très sympathique, **il** est informaticien. »*

1. « Connaissez-vous *Le Rouge et le Noir* ?
   — Oui, . . . est un roman de Stendhal, . . . est passionnant. »

2. « Est-ce que vous connaissez M. Raimondi ?
   — Oui, . . . est un de nos amis, . . . est chirurgien, . . . est italien. »

3. « Qui est cette jeune fille ?
   — . . . est une étrangère, . . . est jeune fille au pair chez ma sœur et . . . est charmante. »

4. « Cet appareil, qu'est-ce que c'est ?
   — . . . est un magnétoscope, . . . est très perfectionné. »

5. « Vous connaissez cet oiseau ?
   — . . . est un merle, . . . est très courant dans cette région. »

6. « Qui est cette dame qui parle si fort ?
   — . . . est notre vieille concierge, . . . est un peu sourde. »

7. « Qui sont ces enfants ?
   — . . . sont les petits Barsac, . . . sont des amis de ma fille, . . . sont très mignons. »

8. « Delacroix, qui est-ce ?
   — . . . est un peintre du XIXe siècle, . . . est français ; . . . était contemporain de Charles Baudelaire. »

9. « Cette crème, qu'est-ce que c'est ?
   — . . . est une crème pour les mains, . . . est hydratante ; . . . est la meilleure que je connaisse. »

10. « Qu'est-ce que la Bourgogne ?
— . . . est une province de France, . . . est très célèbre pour ses églises romanes et ses vins. »

11. « Qui est Yves Montand ?
— . . . est un chanteur et un acteur de cinéma ; . . . est d'origine italienne, . . . est grand et brun. »

2. Répondre aux questions suivantes :

A/
1. Qui est Hector Berlioz ?
2. Qui a découvert le vaccin contre la rage ?
3. Qu'est-ce qu'un cordonnier ?
4. Qui a dit : « Je pense donc je suis » ?
5. Qui a peint le plafond de l'Opéra de Paris ?
6. Qui était roi de France en 1789 ?
7. Qu'est-ce qu'un égoïste ?
8. Quelle est votre actrice préférée ?
9. Quels sont les écrivains les plus célèbres de votre pays ?
10. Quels sont les peuples qui parlent français hors de France ?

B/
1. Qu'est-ce qu'une péniche ?
2. L'ONU, qu'est-ce que c'est ?
3. Qu'est-ce qu'une synagogue ?
4. Qu'est-ce qu'une harpe ?
5. Qu'est-ce que l'équitation ?
6. Qu'était le Louvre avant d'être un musée ?
7. Quelle est votre couleur préférée ?
8. Est-ce que le champagne est un vin ?
9. Quels sont les cinq sens ?
10. Quel est le contraire de « maigrir » ?
11. Quel est le futur du verbe « envoyer » ?
12. Qu'est-ce qui a deux longues oreilles, un nez qui remue et qui aime les carottes ?

3. Répondre aux questions suivantes :

1. Comment est votre chambre à Paris ?
2. Comment sont les tours de Notre-Dame ?

3. Est-ce que les Alpes sont plus hautes que les Pyrénées ?

4. Est-ce que les citrons sont sucrés ?

5. Quelles sont les caractéristiques du diamant ?

6. En quoi est votre montre ?

7. En quoi sont généralement les statues ?

8. Comment a été l'hiver dernier dans votre pays ?

4. **Répondre aux questions suivantes :**

Exemple :
« Quelle est la forme d'un ballon de rugby ?
— Il est ovale. »
« De quelle forme est un ballon de rugby ?
— Il est ovale. »

1. Quelle est la couleur de vos cheveux ?

2. De quelle couleur sont vos yeux ?

3. Quelle était la nationalité de l'acteur Orson Welles ?

4. De quelle nationalité êtes-vous ?

5. Quel est le style de la Sainte-Chapelle ?

6. De quel style est le château de Versailles ?

5. **Répondre aux questions suivantes :**

1. Quelle est la profession de votre père ?

2. Que fait le mari de Mme Hubert ?

3. Jérémie est-il médecin comme son père ?

4. Votre mère est-elle infirmière ?

5. Que voulez-vous faire plus tard ?

6. Que faisait Antoine de Saint-Exupéry tout en écrivant des romans ?

7. Quel était le métier de votre grand-père ?

*6. **Répondre aux questions suivantes :**

Exemple :
« Comment trouvez-vous le restaurant en bas de chez moi ?
— Il est très agréable. »
« Comment trouvez-vous le restaurant *Maxim's ?*
— C'est très bon et très cher. »

1. Comment trouvez-vous ce tableau ?

2. Comment trouvez-vous *La Ronde de nuit* de Rembrandt ?

3. Que penses-tu de ce film ?

4. Que penses-tu de *West Side Story* ?

5. Comment est la ville où vous êtes né(e) ?

6. Comment est Paris ?

7. Comment trouvez-vous votre quartier ?

8. Comment trouvez-vous Montmartre ?

*7. Compléter les phrases suivantes :

Exemple :
C'est bon, les tartes aux pommes !
Elle était excellente, ma tarte aux pommes !

1. . . . est difficile, les dictées !

2. . . . était vraiment très difficile, la dictée d'hier !

3. « Tu aimes la fourrure ?
— Oui, mais . . . est très cher. »

4. « Tu aimes ce manteau de fourrure ?
— Oui, mais . . . est trop cher pour moi. »

5. Une voiture à Paris, . . . n'est pas indispensable.

6. . . . est quand même bien pratique, ma petite Renault !

7. « Comment est le café italien ?
— . . . est très fort. »

8. Trop de café, . . . est mauvais pour la santé !

9. . . . est presque toujours clair, un appartement au cinquième étage.

10. . . . est malheureusement très sombre, mon appartement !

8. Imiter le modèle donné (N'employer que le verbe être) :

Sir Winston Churchill

C'était un homme politique anglais. Il était Premier ministre pendant la Seconde Guerre mondiale. Il était très gros. C'était un homme remarquable. C'était un grand fumeur de cigares. Etc.

1. Venise

2. Le général de Gaulle

3. La pizza

4. L'éléphant

5. La Sorbonne

6. Votre meilleur(e) ami(e)

9. **Répondre aux questions suivantes :**

A/ 1. Où est la clé de votre appartement ?

2. Où est votre passeport ?

3. Où sont vos parents en ce moment ?

4. Où est le Pape ?

5. Où sont Joëlle et Christine ?

B/ 1. Où est Genève ?

2. Où est Le Mans ?

3. Où est la Finlande ?

4. Où est le Nigeria ?

5. Où est l'Écosse ?

6. Où est la Lorraine ?

7. Où est Monaco ?

8. Où est Cuba ?

10. **Répondre aux questions suivantes en imitant le modèle donné :**

A/ *Quelle est la hauteur de la tour Eiffel ?*
   ⟶ *La hauteur de la tour Eiffel est de 300 mètres.*
   Elle a 300 mètres de haut/hauteur.
   Elle mesure 300 mètres.
   Elle fait 300 mètres de haut. (langue courante)

1. Quelle est la longueur de l'avenue des Champs-Élysées ?

2. Quelle est la largeur de la rue où vous habitez ?

3. Quelle est la hauteur du mont Everest ?

4. Quelles sont la largeur et la longueur d'un lit d'une personne ?

B/ *Quelle est l'épaisseur de ce livre ?*
   ⟶ *L'épaisseur de ce livre est de 5 centimètres.*
   Il a 5 centimètres d'épaisseur.
   Il fait 5 centimètres d'épaisseur. (langue courante)

1. Quelle est l'épaisseur de votre livre d'exercices ?

2.   Quelle est la profondeur normale d'un réfrigérateur ?

3.   Quelle est la profondeur du petit bain d'une piscine ?

4.   Quelle est l'épaisseur d'une belle moquette confortable ?

11. Répondre aux questions :

1.   Combien mesurez-vous ?

2.   Si vous achetez des chaussures, quelle est votre pointure ?

3.   Combien pesez-vous ?

4.   Si vous achetez des vêtements, quelle est votre taille ?

12. Imiter l'exemple suivant :

*Ce livre **coûte 100 francs.***
***Le prix** de ce livre **est de** 100 francs.*

1.   Aujourd'hui, il fait **30 degrés.**

2.   Munich **est à 800 kilomètres** de Paris environ.

3.   En 1983, la France **avait 54,8 millions d'habitants.**

4.   Les vacances de Noël **durent** généralement **deux semaines.**

5.   Je **gagne 10 000 francs** par mois.

6.   En novembre 1985, 100 yens **valaient 3,85 francs.**

7.   Le mois prochain, le prix de l'essence **augmentera de 3%.**

8.   En 1981, la Colombie **a produit 724 millions de tonnes de café.**

9.   Je **loue** mon appartement **3 000 francs** par mois.

10. Cette voiture **consomme 10 litres au cent.**

Chapitre 5

La mise en relief

> 1. 2. *C'est ... que*
> 3. 4. Emploi du pronom relatif

1. **Imiter l'exemple suivant :**

*Je pars pour Dakar **demain**.*
    ⟶ ***C'est** demain **que** je pars pour Dakar.*

1. On fait les vendanges **à l'automne.**

2. J'ai trouvé des champignons **à cet endroit.**

3. Ma grand-mère habitait **là.**

4. Je l'ai accompagné au cinéma **pour lui faire plaisir.**

5. On a découvert ces objets gallo-romains **en construisant un parking.**

6. Il a quitté son pays **pour des raisons politiques.**

7. Il n'a pas pu devenir pilote **parce qu'il n'a pas une assez bonne vue.**

8. La Normandie est magnifique **au moment où les pommiers sont en fleurs.**

9. Vous ne pouvez pas réserver vos places **à cause d'une panne d'ordinateur.**

10. La variole a disparu **grâce à la vaccination.**

*2. **Répondre aux questions en utilisant *c'est ... que* :**

Exemple :
« Comment s'est-il tordu la cheville ?
    ⟶ — **C'est** en jouant au ballon avec son fils **qu'**il s'est tordu la cheville. »

1. En quelle année es-tu allé en Irlande ?

2. Comment John a-t-il appris le français ?

3. Dans quel musée se trouve *La Joconde* de Léonard de Vinci ?

4. Comment as-tu trouvé cet emploi ?

5. Où as-tu acheté ce foulard ?

6. Quand Albert Camus a-t-il obtenu le prix Nobel de littérature ?

7. Avec quoi l'enfant s'est-il blessé ?

8. Avec qui fais-tu de la bicyclette le dimanche ?

3. **Imiter l'exemple suivant :**

*A Paris, il déteste **le bruit**.*
⟶ *A Paris, **ce qu**'il déteste, **c'est** le bruit.*

1. Parmi tous les desserts, mes enfants préfèrent **la mousse au chocolat**.

2. J'aimerais **une bonne tasse de thé**.

3. **L'argent** l'intéresse avant tout.

4. **La dictée** me fait peur pour l'examen.

5. Elle craint par-dessus tout **la solitude**.

6. **La baisse de la natalité en Europe** inquiète les démographes.

7. Cet été, je voudrais faire **une randonnée dans les Vosges**.

8. Vous devriez acheter **un lave-vaisselle**.

4. **Imiter l'exemple suivant :**

***Une famille canadienne** a habité cet appartement avant nous.*
⟶ ***C'est** une famille canadienne **qui** a habité cet appartement avant nous.*

1. Je préfère **ce tableau-là**.

2. **J'**ai appris à lire à mon fils.

3. Tu classes les photos ; je voulais justement faire **ça**.

4. **Le président lui-même** vous recevra.

5. Les enfants veulent voir **la tour Eiffel** en premier.

6. **Les Américains** sont allés les premiers sur la Lune.

7. **Armand** ira chercher sa petite sœur à l'école.

8. Votre voiture démarre mal ; il faut changer **la batterie**.

N.B. *Voir également le chapitre 10 sur les pronoms relatifs.*

Chapitre 6

Les pronoms et les adjectifs indéfinis

1. à 8.	Pronoms et adjectifs indéfinis
9. à 15.	*Tout*
16. 17.	*Chaque, chacun(e)*

1. **Compléter les phrases suivantes par** *on, quelqu'un, quelques-un(e)s, quelque chose, quelque part, tout le monde :*

1. . . . a laissé son journal sur la banquette du train.

2. Il y a . . . que je ne comprends pas dans ce mode d'emploi.

3. J'ai acheté un kilo de fraises ; je me demande s'il y en aura assez pour . . .

4. Bientôt, . . . pourra aller en Grande-Bretagne par le tunnel sous la Manche.

5. Les enfants n'ont pas mangé tous les chocolats. Il en reste encore . . .

6. J'ai déjà rencontré cette dame . . . , mais je ne sais plus où.

7. Je n'arrive pas à trouver la rue des Francs-Bourgeois ; je vais demander à . . .

8. La marche est un sport que . . . peut pratiquer.

9. « Avez-vous encore des places pour le concert de demain ?
   — Oui, il y en a encore . . . à l'orchestre. »

10. . . . ne doit pas fumer dans cette salle.

2. **Répondre négativement aux questions suivantes en employant** *ne . . . personne, personne . . . ne, ne . . . rien, ne . . . nulle part :*

1. Veux-tu boire quelque chose ?

2. Est-ce que vous avez entendu quelque chose ?

3. Est-ce que quelqu'un a téléphoné pendant mon absence ?

4. Est-ce que vous connaissez quelqu'un dans cette ville ?

5. Avez-vous écrit à quelqu'un pendant vos vacances ?

6. Avez-vous vu quelqu'un sortir de l'immeuble ?

7. Est-ce que quelqu'un a compris quelque chose ?

8. Est-ce que quelqu'un a dit quelque chose ?

9. Voyez-vous mes lunettes quelque part ?

10. Est-ce qu'on peut trouver cette marque de whisky quelque part à Paris ?

3. **Compléter les phrases suivantes par *aucun(e) . . . ne, ne . . . aucun(e) :***

1. Les Beauvais ont visité plusieurs maisons ; . . . . . . leur convenait.

2. Au marché aux Puces, nous avons vu quelques jolis bibelots mais finalement nous . . . en avons acheté . . .

3. Isabelle a essayé d'appeler plusieurs amies ; . . . . . . était chez elle.

4. J'ai trois frères ; . . . d'entre eux . . . exerce la profession de notre père.

5. . . . reproduction . . . peut rendre les couleurs exactes d'un tableau.

6. Vous pouvez vous baigner à cet endroit-là, il . . . y a . . . danger.

4.

A/ **Répondre négativement aux questions suivantes :**

1. Y a-t-il quelque chose d'intéressant à la télévision ce soir ?

2. As-tu quelque chose d'autre à faire ?

3. Connaissez-vous quelqu'un de compétent pour faire ce travail ?

4. Est-ce que quelqu'un d'autre veut parler ?

B/ **Compléter les phrases par un adjectif :**

1. Le dimanche, nous trouvons toujours quelque chose de . . . à faire.

2. Tu connais Gaspard Durand ? C'est quelqu'un de . . .

3. Tout le monde riait ; il avait dit quelque chose de . . .

4. Je me suis vraiment ennuyé à cette soirée. Il n'y avait personne de . . .

5. Qu'as-tu fait pendant le week-end ? Rien de . . .

6. Il ne s'est rien passé de . . . pendant votre absence.

7. Au cours de sa conférence de presse, le Président n'a rien dit de . . .

8. Il n'aimait pas dépenser son argent. C'était quelqu'un de . . .

5.

A/   **Imiter l'exemple suivant :**

Avoir un ami français. (présent)
  ⟶ | *J'ai un ami français.*
     | *J'ai quelques amis français.*
     | *J'ai plusieurs amis français.*
     | *Je n'ai aucun ami français.*

1.   Faire une faute. *(passé composé)*

2.   Prendre une photo. *(futur)*

3.   Poser une question. *(plus-que-parfait)*

4.   Y avoir un blessé dans l'attentat. *(passé composé)*

B/   **Refaire l'exercice en utilisant le pronom *en* en suivant le modèle ci-dessous :**

Avoir un ami français.
  ⟶ | *J'en ai un.*
     | *J'en ai quelques-uns.*
     | *J'en ai plusieurs.*
     | *Je n'en ai aucun.*

6.   **Mettre au pluriel les groupes de mots en caractères gras :**

1.   Il y a **un autre tableau** de Monet représentant la cathédrale de Rouen.

2.   Il reste des biscuits. En veux-tu **un autre** ?

3.   Cette robe ne me va pas. Je voudrais en essayer **une autre**.

4.   Il y a un mariage ce matin à l'église ; il y en a **un autre** cet après-midi.

5.   Le petit Cyprien a besoin d'**une autre feuille de papier** pour faire des dessins.

6.   Avez-vous envie d'**un autre gâteau** ?

7.   Chez moi, la fenêtre de la chambre est très petite, mais **celle de l'autre pièce est plus grande**.

8.   La nourrice a donné à Juliette **le jouet de l'autre petite fille** qu'elle garde.

*7.   **Compléter les phrases suivantes par *un(e) autre, d'autres, l'un(e), l'autre, les un(e)s, les autres* :**

1.   On trouve des clémentines au marché à partir de novembre : en général, . . . viennent de Corse, . . . d'Espagne ou du Maroc.

2.   Dans le parc du château, il y a deux bassins ; dans . . . il y a des carpes, dans . . . de gros poissons rouges.

3.   L'ampoule de cette lampe est grillée ; il faut en mettre . . .

4. Voulez-vous ... renseignements sur nos séjours linguistiques ?

5. Il n'y a qu'un étudiant dans la classe. Où sont donc ... ?

6. Je viens de manquer mon train. Pourriez-vous m'indiquer les horaires de ... trains pour Caen aujourd'hui ?

7. Parmi les touristes, ... voulaient acheter des souvenirs, ... préféraient visiter la ville, la plupart désiraient se reposer.

8. Joseph suggère que nous allions danser. Demandons quand même l'avis de ... !

9. Pour aller de Nice à Menton, il y a deux routes : ... suit la côte, ... passe par l'intérieur des terres.

10. Ce bureau de tabac est fermé ; il y en a ... ouvert au coin de la rue.

*8. **Compléter les phrases suivantes par *n'importe qui, n'importe quoi, n'importe où, n'importe quand, n'importe comment, n'importe lequel, n'importe quel (le)* :**

1. Il ne réfléchit pas assez. Il dit souvent ...

2. Elle ne s'intéresse pas à la mode. Elle s'habille vraiment ...

3. J'irai ... pour trouver du soleil !

4. On peut se faire servir dans ce restaurant à ... heure.

5. On ne cultive pas le riz sous ... climat.

6. Cet enfant est trop confiant. Il suivrait ... dans la rue.

7. Les chats sont souvent difficiles à nourrir. Ils ne mangent pas ...

8. Ces deux autobus vont à la Bastille. Vous pouvez prendre ...

9. Vous pouvez passer ... , il y a toujours quelqu'un à la maison.

10. Ne laisse pas traîner tes affaires ... !

9. **Compléter les phrases suivantes par l'adjectif *tout, tous, toute(s)* :**

A/
1. Hier, il a plu ... la journée.

2. Les syndicats ont refusé ... les propositions du patronat.

3. Presque ... les mots en « al » font leur pluriel en « aux ».

4. C'est l'hiver ; les arbres ont perdu ... leurs feuilles.

5. Vous n'arriverez jamais à faire ... ce travail en un après-midi.

6. ... ces travaux étaient nécessaires pour améliorer la sécurité de l'immeuble.

7. Il a fait ... ses études dans une université de province.

B/
1. Maintenant on peut acheter des tomates en ... saison.

2. ... homme est mortel.

3. . . . vérité n'est pas bonne à dire.

4. L'entrée est interdite à . . . personne étrangère au service.

5. Dans ce bar, on sert des plats chauds à . . . heure.

C/ 1. Ton armoire est pleine de vêtements ; débarrasse-toi de . . . ceux que tu ne mets plus !

2. Il est naïf ; il croit . . . ce qu'on lui dit.

3. . . . ça n'a aucune importance.

4. Après la fête, j'ai trié les disques ; . . . ceux-là sont à toi.

5. J'ai cueilli des pêches ; . . . celles-là sont un peu abîmées, j'en ferai une compote.

6. . . . ce qui brille n'est pas de l'or.

7. Cette ville a beaucoup de maisons anciennes ; presque . . . celles qui sont autour de la cathédrale sont classées « monuments historiques ».

8. Je suis pressé ; nous parlerons de . . . cela la prochaine fois.

10. **Imiter les exemples suivants :**

Tous les étudiants sont là.
    ⟶ *Tous sont là. / Ils sont tous là.*
Les enfants ont mangé tous les bonbons.
    ⟶ *Ils les ont tous mangés.*

1. **Tous** les magasins sont fermés le dimanche dans ce quartier.

2. **Tous** les avions à destination de l'Amérique du Nord décollent de Roissy.

3. **Toutes** les rues de New York sont perpendiculaires les unes aux autres.

4. Je n'ai pas lu **tous** les romans de Malraux.

5. J'ai lavé **tous** les rideaux de la salle de séjour.

6. **Toutes** les expositions seront fermées le 1er mai.

7. On a remplacé presque **toutes** les statues de la façade de Notre-Dame de Paris par des copies.

8. Faites **tous** ces exercices pour demain !

11. **Imiter l'exemple suivant en employant le pronom neutre *tout* :**

Elle a rangé les verres, les assiettes et les couverts.
    ⟶ *Elle a tout rangé.*

1. Il a vendu **son bateau, sa planche à voile et son matériel de plongée**.

2. En Italie, **les musées, le climat, les restaurants** lui ont plu.

3. Au mois d'août, **les hôtels, les pensions, les campings** sont complets sur la Côte d'Azur.

4. Avec cette colle, vous pouvez coller **le verre, le bois, le plastique, le papier, etc.**

5. Dans la cuisine, il faudra nettoyer **les placards, le réfrigérateur et le carrelage.**

6. Mon mari sait faire **les travaux d'électricité, de plomberie et de menuiserie** dans la maison.

12. **Compléter les phrases suivantes par le pronom *tout, tous, toutes* :**

1. J'ai acheté un magnétoscope et plusieurs cassettes ; j'ai . . . payé avec ma carte bleue.

2. Cette réforme a fait l'objet de nombreuses critiques. . . . n'étaient pas justifiées.

3. Ne vous inquiétez pas ! . . . ira bien !

4. « Vous connaissez vos voisins d'immeuble ?
   — Non, pas . . . ! ».

5. A Pompéi, . . . a été recouvert par la lave du volcan.

6. Les douaniers arrêtaient les voitures et les fouillaient . . .

7. Au Moyen Âge, les ponts de Paris étaient en bois ; de nos jours, presque . . . sont en pierre.

8. Prenez donc la lessive la moins chère ! Ce sont . . . les mêmes !

13. **Remplacer l'adverbe en caractères gras par l'adverbe *tout, toute, toutes* :**

1. Il n'y a pas un nuage. Le ciel est **entièrement** bleu.

2. J'habite **très** près de la place du Trocadéro.

3. Elle aimait se promener **complètement** seule dans la forêt.

4. Cet enfant est **très** intimidé parce qu'il doit réciter un poème à la fête de l'école.

5. Elle est **très** étonnée d'avoir trouvé si rapidement un studio à louer pour son fils.

6. Tu as les mains **très** sales. Va te les laver !

7. Cette pauvre femme a les doigts **complètement** déformés par les rhumatismes.

8. Ces croissants sont excellents ; ils sont **très** frais.

9. Quelle pluie ! J'ai les pieds **complètement** mouillés.

10. Elle était si fatiguée qu'elle s'est endormie **complètement** habillée.

11. Ils ont deux adorables petits garçons, **très** blonds et **très** bouclés.

12. Parlez **très** bas ! Le bruit fatigue la malade.

13. Ce cerisier est très vieux ; il donne des cerises **très** petites mais délicieuses.

14. Ils habitent une maison **entièrement** neuve qu'ils n'ont pas fini d'aménager.

14. **Compléter les phrases suivantes par : *de toutes façons, en tout cas, tout à l'heure, malgré tout, tout à coup, tout à fait, tout de suite, en tout* :**

1. Je serai là pour le déjeuner. A . . . !

2. J'ai appelé un taxi ; il est arrivé . . .

3. Vos arguments sont excellents ; je suis . . . de votre avis.

4. Arrivez quand vous pourrez. . . . , moi, je serai là à 8 heures.

5. La maison était plongée dans un profond silence ; . . . , on entendit un hurlement.

6. N'essaye pas de me convaincre ! . . . , j'ai déjà pris ma décision.

7. Pour ses vingt ans, Amélie a invité quelques amis et sa famille ; ils étaient trente-deux . . .

8. Il a un emploi du temps surchargé ; il essaiera de venir . . .

15. **Compléter les phrases suivantes par *tout* (adjectif, pronom, adverbe) :**

A/ Ce matin-là, . . . la rue fut réveillée à 7 heures par un incendie qui s'était déclaré . . . en haut d'un immeuble. Une vieille dame . . . affolée appelait au secours. . . . le monde lui criait : « Attendez ! Les pompiers arrivent . . . de suite ! » En effet, quelques minutes après, ceux-ci arrivèrent, dressèrent à . . . vitesse la grande échelle et sauvèrent la malheureuse. . . . est bien qui finit bien !

B/ Mardi après-midi, l'institutrice a emmené . . . sa classe au zoo de Vincennes. Les enfants ont vu . . . les animaux. . . . d'abord, ils ont regardé les fauves, ensuite ils se sont arrêtés devant trois ours, . . . blancs. Après ils ont vu les singes, les girafes, les éléphants et les pingouins. Mais l'animal qu'ils ont . . . préféré, c'est le grand panda de Chine.

16. **Imiter l'exemple suivant :**

Tous les étudiants de la classe ont un dictionnaire.

➤ | *Chaque étudiant* de la classe a un dictionnaire.
| *Chacun des étudiants* de la classe a un dictionnaire.

1. Distribue cinq cartes à **tous les joueurs.**

2. **Tous les appartements** de cet immeuble ont un interphone.

3. Il y a une télévision dans **toutes les chambres** de cet hôtel.

4. Sur **tous les articles** d'un magasin, on doit mettre une étiquette indiquant le prix.

5. Il y a un syndicat d'initiative dans **toutes les grandes villes françaises.**

17. **Compléter les phrases suivantes par *chaque, chacun (e)* :**

1. Dans . . . des fermes de ce village, on accueille des vacanciers.

2. Mes enfants ont . . . leur chambre.

3.   Ne répondez pas tous en même temps ! . . . son tour !

4.   L'hôtesse de l'air donne une carte d'embarquement à . . . passager.

5.   Mme Jalin a trois petites-filles ; elle a donné un bijou à . . . pour ses dix-huit ans.

6.   L'ophtalmologiste m'a dit de mettre deux gouttes de collyre dans . . . œil.

Chapitre 7

Les prépositions

1.	Verbe + préposition + nom
2.	Verbe + préposition + infinitif
3.	Verbe + préposition + infinitif ou nom
4.	Exercice d'imitation
5. 6.	Adjectif ou participe + préposition + infinitif ou nom
7. à 10.	Complément circonstanciel précédé d'une préposition

1. **Compléter les phrases suivantes par la préposition qui convient :**

1. Il téléphonera . . . Julie ce soir.

2. Elle nous a parlé . . . son voyage en URSS.

3. Il est interdit de parler . . . le conducteur de l'autobus.

4. Pendant le cours, nous parlons toujours . . . français.

5. Elle parlait . . . sa voisine sur le pas de sa porte.

6. Il joue tous les soirs . . . le poker dans un petit café de son quartier.

7. J'ai un ami qui joue très bien . . . la guitare classique.

8. Je manque . . . courage pour me mettre . . . le travail.

9. Nous pourrions profiter . . . le beau temps pour emmener les enfants au zoo de Vincennes.

10. Ce tableau de Renoir appartient . . . une collection particulière.

11. Ce film plaira . . . tous les amateurs d'histoires policières.

12. Nous comptons . . . votre présence à la réunion.

13. Il a changé . . . avis sans nous prévenir.

14. Denis est arrivé en retard parce qu'il s'était trompé . . . adresse.

15. Céline va se marier . . . un professeur de gymnastique.

16. Il a très bon caractère et il s'entend bien ... tout le monde.

17. Vous pouvez faire confiance ... ce garagiste ; il travaille très bien.

18. J'ai tout à fait confiance ... cette dame pour garder les enfants.

19. Tu n'es jamais content, tu te plains toujours ... tout !

20. « Est-ce que vous irez à la campagne dimanche prochain ?
    — Peut-être, ça dépendra ... le temps. ».

2.   **Compléter les phrases suivantes par la préposition *à* ou *de* :**

1. Quel mois de juin ! Il ne cesse ... pleuvoir.

2. J'ai trop d'affaires ; je n'arrive pas ... fermer ma valise.

3. Je ne sais pas s'il acceptera ou s'il refusera ... venir avec nous.

4. Tâchez ... venir dîner ! Cela nous ferait plaisir.

5. Mon frère hésite ... accepter ce poste à l'étranger.

6. L'enfant s'amusait ... faire des découpages.

7. Nous avons convenu ... nous retrouver place Saint-Michel samedi soir.

8. Ce garçon très brillant a réussi ... entrer à l'École normale supérieure du premier coup.

9. Dépêche-toi ... finir ton travail !

10. C'est son père qui lui a appris ... conduire.

3.   **Compléter les phrases suivantes par la préposition qui convient :**

1. Mon fils avait un an quand il a commencé ... marcher.

2. Quand je suis arrivé chez eux, ils n'avaient pas fini ... dîner.

3. Le repas commencera ... des huîtres et finira ... un sorbet au citron.

4. Si tu continues ... rouler aussi vite, tu finiras ... avoir un accident.

5. Le maire de Paris a tenu ... féliciter lui-même le vainqueur du Tour de France.

6. Je tiens beaucoup ... ce vase ; fais-y attention !

7. Que penses-tu ... ma nouvelle robe ?

8. Quand on est loin de son pays, on pense ... sa famille et ... ses amis.

9. Pense ... fermer les volets avant de partir !

10. Je me sers ... une cafetière électrique pour faire le café.

11. Le tréma sert ... séparer une diphtongue en deux voyelles.

12. Il n'a pas pu s'habituer ... le climat humide de ce pays.

13. Je me suis facilement habitué ... me lever à 6 heures tous les matins.

14. Sophie a décidé ... arrêter ... fumer.

15. Après cinq ans de longues fiançailles, ils se sont enfin décidés ... se marier.

4. **Faire une phrase avec chacun des verbes suivants en imitant le modèle donné :**

A/ *Apporter quelque chose à quelqu'un*
    ⟶ *Alain a apporté des fleurs à sa femme.*

offrir	raconter	emprunter	montrer
demander	expliquer	souhaiter	
rendre	prêter	enseigner	

B/ *Demander à quelqu'un de + infinitif*
    ⟶ *Elle a demandé à sa sœur de prendre des places à la Comédie-Française.*

conseiller	défendre	permettre	promettre	dire
interdire	proposer	reprocher	demander	

C/ *Obliger quelqu'un à + infinitif*
    ⟶ *Le retard de l'avion a obligé Michel à passer une nuit à l'hôtel.*

aider	obliger	forcer	encourager

D/ *Empêcher quelqu'un de + infinitif*
    ⟶ *La pluie a empêché les enfants de jouer dehors.*

remercier	accuser	féliciter	empêcher
prier	charger	persuader	

5. **Compléter les phrases suivantes par la préposition qui convient :**

1. Où est mon passeport? Je suis certaine . . . l'avoir rangé dans mon secrétaire.

2. Quasimodo, le bossu de Notre-Dame, était amoureux . . . la belle Esméralda.

3. A quatre ans, un enfant devrait être capable . . . s'habiller tout seul.

4. Le salaire de mon mari est égal . . . le mien.

5. Ce film est interdit . . . les jeunes de moins de dix-huit ans.

6. Je suis désolé . . . vous avoir fait attendre.

7. Paul est très content . . . son séjour à Londres.

8. Je suis fatigué . . . te répéter toujours la même chose.

9. C'est un travail très ennuyeux . . . faire.

10. Je suis très ennuyé . . . avoir perdu les papiers de la voiture.

11. M. Bayard était tout fier . . . nous présenter son premier arrière-petit-fils.

12. Un enfant n'aime pas être différent . . . les autres.

13. Ils habitent un appartement tout à fait semblable . . . le nôtre.

14. Es-tu prêt . . . partir?

15. Chacun est responsable . . . ses actes.

16. Les oranges sont riches . . . vitamine C.

17. Ce garçon est toujours très satisfait . . . ce qu'il fait.

18. Cet institut est spécialisé ... la recherche sur le cancer.

19. Une journée, c'est suffisant ... visiter le Mont-Saint-Michel.

20. Neil Armstrong a été le premier homme ... marcher sur la Lune.

21. Cette recette de confiture d'oranges est simple ... réaliser.

22. Son domicile est très proche ... son bureau.

23. J'ai acheté un four à micro-ondes, c'est très commode ... réchauffer les plats.

*6. **Compléter les phrases suivantes par la préposition qui convient :**

1. Presque tous les romans de Balzac sont traduits ... anglais.

2. C'est un éditeur spécialisé dans la publication de livres traduits ... l'anglais.

3. Ce texte est vraiment difficile ... traduire.

4. Il est difficile ... répondre à toutes les questions que posent les enfants.

5. L'alcool n'est pas bon ... la santé.

6. Cet élève est très bon ... dessin.

7. Le calcium est nécessaire ... la croissance.

8. Pour aller dans de nombreux pays, il est nécessaire ... avoir un visa.

9. Soyez gentil ... me répondre par retour du courrier !

10. Sois gentil ... ta petite sœur !

11. Vous avez une écriture impossible ... déchiffrer !

12. Il est impossible ... travailler avec un tel bruit.

13. Il est seul ... être au courant de cette affaire.

14. Cette femme est seule ... élever ses enfants.

15. Certains produits chimiques sont dangereux ... manipuler.

16. Il est dangereux ... allumer un feu dans une forêt.

17. Dans l'espace du jardin réservé aux enfants de deux à cinq ans, ils trouvent des jeux adaptés ... leur âge.

18. Ce téléfilm est adapté ... une nouvelle de Guy de Maupassant.

7. **Imiter les modèles donnés :**

> *Je vais **au** Canada / Je reviens **du** Canada*
> *Je vais **en** Corée / Je reviens **de** Corée*
> *Je vais **à** Rome   / Je reviens **de** Rome*

Japon	États-Unis	Syrie	Mexique
Marseille	Allemagne	Corse	Le Havre
Hollande	Iran	Argentine	

8.   Compléter les phrases suivantes par la préposition qui convient :

1.   Nous irons . . . Rennes . . . voiture.

2.   J'ai mis les valises . . . la voiture.

3.   Vous pouvez envoyer ce colis . . . avion ou . . . bateau.

4.   Ne posez rien de lourd . . . la télévision !

5.   J'ai vu ce film . . . la télévision.

6.   Charles sera . . . la maison ce soir ; tu pourras lui téléphoner.

7.   . . . la maison qu'ils ont achetée, il y a une magnifique cheminée ancienne.

8.   J'ai acheté des croissants et des brioches . . . le boulanger.

9.   Je passerai . . . la boulangerie en rentrant.

10.   . . . ce théâtre, les places ne sont pas numérotées.

11.   . . . le théâtre, les acteurs sont en contact direct avec le public.

12.   Le Festival du Marais organise des spectacles . . . la rue.

13.   Les piétons doivent marcher . . . le trottoir.

14.   Nous sommes allés dîner . . . un restaurant près des Halles.

15.   . . . restaurant, hier soir, nous avons mangé un délicieux canard à l'ananas.

16.   Les enfants vont . . . le jardin du Luxembourg le mercredi après-midi.

17.   Nous passerons . . . le jardin du Luxembourg pour aller à la Sorbonne.

18.   Cette année-là, j'ai travaillé . . . le mois de juillet et j'ai pris mes vacances . . . août.

19.   L'arrêt de l'autobus allant vers la gare Montparnasse est . . . l'autre côté de la rue.

20.   Viens t'asseoir . . . côté de moi !

21.   Les programmes de la télévision sont annoncés . . . le journal.

22.   Les heures d'ouverture de l'agence de voyages sont indiquées . . . le prospectus.

23.   Beaucoup d'étudiants travaillent et écoutent de la musique . . . même temps.

9.   Compléter les phrases suivantes par la préposition qui convient :

1.   L'avion volait . . . la mer Méditerranée.

2.   Il boit toujours son café . . . sucre.

3.   L'équipe de football de Saint-Étienne jouera samedi . . . celle de Bordeaux.

4.   Je me suis couché à 2 heures du matin et je meurs . . . sommeil.

5.   Vous devez régler votre inscription . . . francs français, . . . chèque ou . . . espèces.

6.   Le train est arrivé . . . deux heures de retard.

7.   J'ai rencontré Mathieu . . . hasard, rue de Rivoli.

8.   J'ai trouvé 10 francs . . . terre, . . . un banc.

9. « Il pleuvait ... cesse sur Brest ce jour-là. » *(Prévert)*

10. Tout le monde est venu, ... Mireille qui avait la grippe.

11. ... le XXe siècle, la médecine a fait des progrès considérables.

12. Comme il avait un rendez-vous, il n'a pas pu rester ... la fin de la réunion.

13. Cette année, je suis allé faire du ski ... la première fois à Chamonix.

14. M. Bernard a voté ... le candidat de la majorité.

15. La classe mesure 5 mètres de long ... 4 mètres de large.

16. En ce moment, ce magasin de sport fait 10 ... 100 de réduction sur le matériel de camping.

17. Appuyez ... le bouton rouge pour appeler l'ascenseur.

18. Les fenêtres de leur appartement donnent ... le parc Monceau.

19. ... mon avis, tu ferais mieux de renoncer à cette idée.

20. Dans certains pays, on boit le thé ... un verre et non ... une tasse.

21. Le prix d'entrée est ... 30 francs ... personne.

22. Ce lainage est fragile ; il faut le laver ... la main.

*10. **Relier les éléments de la colonne de gauche aux éléments de la colonne de droite en inscrivant les lettres correspondantes dans les cases :**

A - Je ne peux pas acheter de caviar ; c'est ...

B - Dans un annuaire, les noms sont classés ...

C - L'hôtel des Invalides a été construit ...

D - Cet enfant est très mûr ...

E - Jean ne m'a pas reconnue ; il m'a prise ...

F - ..., qui peut réciter un poème par cœur ?

G - Il travaillait vite ; il avait tout fini ...

H - Dans un texte écrit, on rapporte les propos d'une personne ...

I - ..., de plus en plus de femmes ont une activité professionnelle.

J - J'ai fait repeindre l'appartement ; j'en ai eu ...

K - Prenez un dessert, si vous voulez ; ... je ne prendrai qu'un café.

L - En 1980, ... est parti en vacances au moins une fois.

M - Le docteur Primard reçoit à son cabinet ...

	sous Louis XIV
	pour ma sœur
	entre guillemets
	au bout d'une demi-heure
	pour plus de 10 000 francs
	un Français sur deux
	hors de prix
	à partir de 15 heures
	d'après les sondages
	pour son âge
	parmi vous
	par ordre alphabétique
	quant à moi

Chapitre 8

Les adverbes

1. Former l'adverbe à partir de chacun des adjectifs suivants :

A/ *Exemple :* lent ⟶ lentement

| doux | complet | premier | sérieux | vif |
| net | certain | facile | franc | exceptionnel |

B/ *Exemple :* | prudent ⟶ prudemment
| méchant ⟶ méchamment

| évident | violent | fréquent | patient | récent |
| courant | suffisant | constant | bruyant | inconscient |

C/ *Exemple :* vrai ⟶ vraiment

| modéré | gentil | joli | gai |
| absolu | aisé | poli | |

2. Compléter les phrases suivantes par l'adjectif ou l'adverbe selon le cas :

Exemple : **lent/lentement**

Le vieillard marchait à pas ... ⟶ Le vieillard marchait à pas **lents**.

Le vieillard marchait ... ⟶ Le vieillard marchait **lentement**.

1. **confortable/confortablement**

   Ce fauteuil ancien n'est pas ...

   Il était ... installé dans un fauteuil et lisait le journal.

2. **gratuit/gratuitement**

Aujourd'hui, notre magasin vous remet . . . un paquet de lessive.

Aujourd'hui, notre magasin vous remet un paquet de lessive . . .

3. **objectif/objectivement**

Ce journaliste a présenté un rapport très . . . des faits.

Ce journaliste a présenté les faits très . . .

4. **bref/brièvement**

Résumez . . . cet article.

Vous ferez un résumé très . . . de cet article.

5. **rapide/rapidement**

Dans cette brasserie, le service est très . . .

Passez me prendre à 12 h 30 ! On déjeunera . . . avant d'aller aux courses à Longchamp.

6. **sec/sèchement**

Il a répondu d'un ton . . . que cela ne l'intéressait pas.

Il a répondu . . . que cela ne le concernait pas.

3. **Compléter les phrases suivantes par les adjectifs donnés, employés soit comme adjectifs, soit comme adverbes :**

Exemple : **bas**

Parlez à voix . . . ! ⟶ Parlez à voix *basse* !

Parlez tout . . . ! ⟶ Parlez tout *bas* !

1. **bon**

Ces éclairs au chocolat sont . . .

Ces roses sentent . . .

2. **cher**

Un voyage en avion Concorde coûte . . .

Les perles fines sont plus . . . que les perles de culture.

3. **haut**

Quelle est la montagne la plus . . . d'Europe ?

Les aigles volent très . . .

4. **dur**

    Le diamant est le plus ... des minéraux.

    Elle a travaillé ... pour entrer au Conservatoire national de musique.

5. **fort**

    Dans ce magasin de vêtements, il y a un rayon « femmes ... ».

    Ne criez pas si ... ! On ne s'entend plus !

6. **faux**

    Elle chante ... comme une casserole !

    La police a découvert un important stock de ... pièces de dix francs.

7. **droit**

    La route était ..., bordée de platanes.

    « Où est la rue de l'Église ?
    — Continuez tout ... ! C'est la première à gauche ».

4. **Mettre les phrases suivantes au passé composé :**

1. Il neige déjà.
2. Il pleut beaucoup.
3. Elle porte toujours des lunettes.
4. Ce plombier travaille très bien.
5. Vous ne mangez pas assez.
6. Je comprends mal votre explication.
7. M. Girodet parle peu.
8. Cet enfant apprend vite à lire.
9. Grâce à ce médicament, je dors mieux.
10. Il arrive sûrement à 8 heures.
11. Cet expert se trompe rarement dans ses estimations.
12. Il avoue enfin la vérité.

N.B. *Voir également l'emploi de* **tout** *comme adverbe dans le chapitre 6 sur les indéfinis.*

Chapitre 9

Les pronoms personnels

1. **Remplacer les pointillés par le pronom qui convient :**

1. Sophie a fait de l'allemand alors que sa sœur, . . . , a étudié l'espagnol.

2. Pendant que, . . . , tu étais en vacances, . . . , je travaillais.

3. Cet été, je resterai chez mes parents et . . . , que ferez-vous?

4. Le professeur trouve l'exercice facile mais les étudiants, . . . , ne sont pas de cet avis.

5. Nous sommes allés au cinéma, Marie et . . .

6. Ta sœur et . . . , vous devriez faire du sport.

7. Ni . . . ni sa femme ne supportent le rythme de la vie parisienne.

8. « J'ai vu ce spectacle, et toi?
   — . . . aussi! »

9. « Tu ne fumes pas, et ton mari?
   — . . . non plus! »

10. « Qui a laissé la porte ouverte? Est-ce que c'est Martine?
    — Oui, c'est . . . »

11. J'ai invité Jacques à dîner. On sonne! C'est sûrement . . .

12. Nous avons le même âge mais elle paraît plus jeune que . . .

13. Isabelle joue souvent au tennis avec sa cousine et pourtant celle-ci est beaucoup plus forte que . . .

14. Le président a répondu . . . - même à cette lettre.

15. Pour la fête des Mères, les enfants feront . . . - mêmes un gâteau.

16. Ce magasin vend des meubles à monter . . . - même.

2. **Remplacer les pointillés par le pronom qui convient :**

1. Je voudrais partir; avez-vous encore besoin de . . . ?

2. Catherine travaille dans cette entreprise et c'est grâce à . . . que j'ai pu y entrer.

3. On doit toujours avoir ses papiers d'identité sur . . .

4. Confiez-moi vos enfants cet après-midi; je m'occuperai de . . .

5. Pardon monsieur, est-ce que je peux m'asseoir à côté de . . . ?

6. Dans une compétition, le mot d'ordre est « chacun pour . . . ».

7. Le docteur Laroque l'a soignée pendant des années et elle avait toute confiance en . . .

8. Tu n'oublieras pas de poster cette lettre; je compte sur . . .

9. En France, il faut une autorisation spéciale pour distiller de l'alcool chez . . .

10. Armand et moi, nous allons voir une exposition au Centre Pompidou. Venez donc avec . . .

3. **Répondre aux questions suivantes en employant le pronom qui convient :**

A/ 1. Mettez-vous du parfum?

2. Quand boit-on du champagne?

3. Y a-t-il quelquefois de la neige à Paris?

4. Pierre a-t-il acheté une voiture?

5. Connaissez-vous un homme politique français?

6. Est-ce que vous avez une autre question à poser?

7. Avez-vous un chandail rouge?

8. Recevez-vous souvent des amis à dîner?

9. Est-ce qu'il manque des étudiants dans la classe aujourd'hui?

10. Y aura-t-il d'autres représentations de *Carmen* de Bizet, à l'Opéra de Lyon, la saison prochaine?

B/ 1. Combien de repas faites-vous par jour?

2. Avez-vous plusieurs frères et sœurs?

3. Reste-t-il quelques phrases à corriger ?

4. Fait-on beaucoup de sport dans votre pays ?

5. Avez-vous lu quelques romans français ?

6. A Paris, il y a trop de voitures, n'est-ce-pas ?

7. Y a-t-il autant de jours en février qu'en mars ?

8. Est-ce qu'il reste assez de pain pour le dîner ?

C/ Répondre à la forme négative :

1. Avez-vous déjà mangé des huîtres ?

2. Est-ce qu'il y a encore des loups en France ?

3. Est-ce qu'il y a plusieurs professeurs dans la classe ?

4. Est-ce qu'il y a deux cathédrales à Paris ?

5. Y a-t-il des étudiants de moins de quinze ans dans la classe ?

6. Avez-vous quelques disques de chanteurs français ?

7. Y a-t-il déjà eu une femme ministre dans votre pays ?

8. Y a-t-il des cours de français le dimanche ?

4. Remplacer les groupes de mots soulignés par le pronom qui convient :

1. La concierge nettoie l'escalier de l'immeuble le samedi.

2. J'ai oublié mon tricot dans le jardin.

3. Tu reliras ce chapitre pour demain.

4. Il a conduit sa fille chez le dentiste.

5. Nos grands-parents ne connaissaient pas la télévision.

6. Ce journaliste a pris ces photos au cours d'un voyage en Afrique.

7. On dit que Mozart a écrit l'ouverture de *Don Juan* en une nuit.

5. Répondre aux questions suivantes en employant le pronom qui convient :

1. Est-ce que vous connaissez M. Lefranc ?

2. Où Michel a-t-il rencontré sa femme ?

3. Quand écoutez-vous les informations ?

4. Ce traitement a-t-il amélioré l'état du malade ?

5. Quand faut-il que vous rendiez votre rédaction ?

6. Où range-t-on les couverts ?

7. Est-ce que vous regarderez l'émission sur Antenne 2 ce soir ?

6. **Répondre aux questions suivantes en employant le pronom qui convient :**

1. Connaissez-vous tous les étudiants de votre classe?

2. Connaissez-vous quelques étudiants des autres classes?

3. Avez-vous visité tous les monuments de Paris?

4. Avez-vous visité quelques monuments de Paris?

5. Mettez-vous toutes vos photos dans un album?

6. Avez-vous quelques photos de votre famille sur vous?

7. Est-ce qu'on a bu toutes les bouteilles de bourgogne?

8. Est-ce qu'il reste quelques bouteilles de bourgogne à la cave?

N.B. Voir également le chapitre 6 sur les indéfinis.

7. **Remplacer les pointillés par le pronom qui convient :**

1. Elle n'avait plus de pommes de terre; elle ... a acheté et elle ... a épluchées pour faire des frites.

2. Ton chandail rouge, pourquoi ne ... mets-tu plus?

3. J'ai trouvé un porte-monnaie dans la rue et je ... ai porté au commissariat.

4. Tiens! Il n'y a plus de chocolats! Je croyais qu'il ... restait.

5. Mes voisins, je ne ... rencontre jamais!

6. Pierre offre toujours du whisky à ses invités mais lui ne ... boit jamais.

7. Est-ce que tu as vu ce film de Truffaut? Comment ... trouves-tu?

8. Elle aime beaucoup les jupes longues; elle ... a acheté une noire et elle ... mettra samedi soir.

9. Cette cantatrice a une voix superbe; je ... écouterais pendant des heures.

10. Antoine a été pris dans un embouteillage; je ... ai attendu plus de deux heures.

8. **Remplacer les pointillés par le pronom qui convient :**

1. Je suis ravi. Jean ... a invité chez lui pour les vacances.

2. « Allô! Vous m'entendez bien?
   — Oui, je ... entends très bien. »

3. Tristan et Iseult ... sont aimés à la folie.

4. Elle est très coquette et elle ... habille toujours à la dernière mode.

5. Nous avons des voisins très bruyants qui ... empêchent souvent de dormir.

6. Dans un refuge de montagne, tout le monde ... couche très tôt.

7. Nous sommes en octobre, mais il fait si froid qu'on ... croirait en plein hiver.

8. Si tu es d'accord, je ... retrouverai à 18 heures à la brasserie *La Coupole*.

9. **Mettre les phrases suivantes à l'impératif affirmatif et négatif en remplaçant les groupes de mots soulignés par un pronom :**

1. Tu prends ton parapluie.

2. Vous m'attendez.

3. Tu poses une question.

4. Tu t'assieds.

5. Vous ouvrez cette lettre.

6. Vous ajoutez du sel dans le potage.

7. Nous fermons les fenêtres.

8. Nous nous arrêtons.

10. **Remplacer les pointillés par le pronom qui convient :**

1. J'ai oublié de prendre le journal, achète-... !

2. Je vous parle très sérieusement ; écoutez-... !

3. Lise n'est pas encore rentrée ; rappelle-... plus tard !

4. Il est déjà 10 heures ; lève-... !

5. Vous avez laissé vos gants dans l'entrée ; ne ... oubliez pas !

6. Nous n'avons pas assez de disques pour la soirée de samedi ; apportes-... quelques-uns !

7. Si nous ne sommes pas là à 8 heures, ne nous attendez pas et mettez-... à table !

8. Je ne suis pas très chargée ; ne ... raccompagne pas jusqu'à la maison, dépose-... au coin de la rue !

11. **Compléter les phrases suivantes par le pronom qui convient :**

1. « Avez-vous des anémones ?
   — Oui monsieur, ... voilà ! »

2. ... voilà enfin ! Je vous ai attendus plus d'une heure ; où étiez-vous ?

3. « Où sont mes lunettes ?
   — Ah ! ... voilà, elles sont sur la table ! »

4. « Viens vite ! On part !
   — Oui, oui, ... voilà, je suis prêt ! »

5. « Martin n'est pas encore là ?
   — Si, ... voilà qui arrive en courant ! »

6. « Je voudrais un livre pour un enfant de cinq ans.
   — Tenez, ... voici un très joliment illustré ! »

12. **Répondre aux questions suivantes en employant le pronom qui convient :**

1. Est-ce que tu as besoin de la voiture aujourd'hui ?
2. Êtes-vous sûr de l'heure de votre train ?
3. Tous les enfants ont-ils peur du noir ?
4. Est-ce que vous changez souvent de coiffure ?
5. Est-ce que quelqu'un joue du piano chez vous ?
6. Est-ce que tu veux la moitié de cette pomme ?
7. Parle-t-on souvent de politique dans votre famille ?
8. Avez-vous envie d'une tasse de thé ?

13. **Répondre aux questions suivantes en employant le pronom qui convient :**

A/
1. Êtes-vous déjà allé en Provence ?
2. Victor Hugo a-t-il toujours habité à Paris ?
3. A quel âge les enfants entrent-ils à l'école dans votre pays ?
4. Reviendrez-vous un jour en France ?
5. Est-ce que vous serez encore à Paris l'été prochain ?
6. Est-ce que tu iras à la patinoire samedi ?

B/
1. Êtes-vous abonné à cette revue ?
2. Pourquoi Jean et Sophie ont-ils renoncé à leur voyage ?
3. As-tu bien réfléchi à cette proposition ?
4. As-tu pensé à l'anniversaire de ta mère ?
5. Avez-vous déjà joué au Loto ?
6. Répondriez-vous volontiers à une enquête publicitaire ?

14. **Répondre aux questions suivantes en employant le pronom qui convient :**

1. Est-ce que vous souffrez de la chaleur en été ?
2. Le président de la République réside-t-il toujours à l'Élysée ?
3. Est-ce que votre pays manque de pétrole ?
4. Les clefs de la voiture sont-elles bien sur la table de l'entrée ?
5. As-tu profité des soldes d'hiver cette année ?
6. Est-ce que le Premier ministre participera à ce débat télévisé ?
7. Êtes-vous content de votre logement à Paris ?
8. Croyez-vous à l'astrologie ?

15. **Remplacer les pointillés par le pronom qui convient :**

1. Ils connaissent bien l'Angleterre parce qu'ils . . . ont vécu quelques années.

2. « Es-tu passé à la banque ?
   — Oui, je . . . viens. »

3. Sartre est né à Paris et il . . . est mort.

4. Tu n'as pas encore visité le Louvre ! Il faut absolument que tu . . . ailles.

5. La poste va fermer ; vas- . . . tout de suite !

6. Les haricots verts sont très chers ; je ne . . . prendrai qu'une livre.

7. L'avion a atterri à Tokyo à 13 h 15 (heure locale) et il . . . repartira à 16 heures.

8. Cette bague me vient de ma grand-mère et je . . . tiens énormément.

9. Mon grand-père a une remarquable collection de timbres ; il . . . est très fier.

16.

A/ **Remplacer les groupes de mots soulignés par le pronom qui convient :**

1. A Paris, on parle peu à ses voisins.

2. J'ai expliqué au professeur pourquoi j'étais en retard.

3. Elle n'a pas demandé la permission à ses parents.

4. Le laboratoire enverra à la malade le résultat de ses analyses.

5. En France, le droit de vote a été accordé aux femmes en 1946.

B/ **Répondre aux questions suivantes en employant le pronom qui convient :**

1. Ressemblez-vous à votre mère ?

2. Est-ce que votre famille vous manque ?

3. Est-ce que ce film a plu à vos amis ?

4. A ton avis, comment me va ce manteau ?

5. Cette heure de rendez-vous vous convient-elle ?

6. Cette maison appartient-elle encore à vos cousins ?

7. Est-ce que les étudiants se parlent en français dans votre classe ?

8. Est-ce que votre fils vous écrit souvent ?

9. Qu'offririez-vous à un enfant de dix ans pour son anniversaire ?

10. Est-ce qu'on m'a téléphoné pendant mon absence ?

17. **Compléter les phrases suivantes par le pronom qui convient :**

1. Mme Derville était très chargée ; je . . . ai aidée à porter ses paquets.

2. Mon ami Éric était de passage à Paris ; je . . . ai rencontré dans la rue et je . . . ai raconté mon voyage au Népal.

3. Il ne répond jamais quand on . . . interroge sur sa vie privée.

4. Fernando était en France depuis six mois ; sa famille . . . manquait beaucoup.

5. Ce journaliste parle très bien et je . . . écoute souvent à la radio.

6. Agnès a rendez-vous avec sa sœur et son beau-frère à 15 heures et elle . . . a dit qu'elle . . . attendrait jusqu'à 15 h 30 seulement.

7. Mes enfants veulent se déguiser pour le Mardi gras ; je . . . ai acheté des masques.

8. Je n'avais pas vu Olivier depuis dix ans ; je ne . . . ai pas reconnu.

18. **Mettre les phrases suivantes à l'impératif affirmatif et négatif en remplaçant le mot ou les groupes de mots soulignés par le pronom qui convient :**

1. Tu me raconteras la fin du film.

2. Vous nous téléphonez dimanche soir.

3. Tu prêtes de l'argent à ton beau-frère.

4. Vous donnez quelque chose à boire aux enfants.

5. Tu enverras cette lettre à Pauline.

19. **Trouver une question pour chacune de ces réponses :**

Exemple :
Réponse : Non, je n'**en** bois jamais.
Question : Est-ce que vous buvez quelquefois **de l'eau gazeuse** ?

1. Nous l'avons rencontré samedi dernier.

2. Il y **en** a trois ou quatre.

3. Non, elle n'**en** fait pas.

4. Ils **y** jouent le mercredi après-midi.

5. Si, nous **y** allions souvent.

6. Non, il ne **leur** parle qu'en français.

7. Non, je ne **les** ai pas tous lus.

8. Il **m'**a offert un joli foulard.

9. Non, personne ne **nous** a aidés.

10. Si, je **lui** ai déjà écrit.

20. **Remplacer les groupes de mots soulignés par le pronom qui convient :**

1. J'ai emprunté de l'argent à ma sœur.

2. Le professeur a posé des questions aux étudiants.

3. Je ne me souviens plus <u>du nom de cette personne</u>.

4. Marc a compté les pièces de son puzzle ; il lui manque plusieurs <u>pièces</u>.

5. Vous donnerez quelques <u>gâteaux</u> <u>aux enfants</u> : ils n'ont pas goûté.

6. Je t'offrirai <u>une calculatrice</u> pour Noël.

7. Je ne me sers pas souvent <u>de ma voiture</u> à Paris.

21. **Répondre aux questions suivantes en employant le pronom qui convient :**

1. Est-ce que tu m'enverras une carte postale du Mexique ?

2. Combien d'exercices nous reste-t-il à faire ?

3. Est-ce que Me Robin, le célèbre avocat, s'occupera lui-même de cette affaire ?

4. Est-ce qu'il te faut un dictionnaire spécialisé pour faire cette traduction ?

5. Avez-vous parlé de votre projet à Catherine ?

22. **Remplacer les groupes de mots soulignés par le pronom qui convient :**

1. Sophie adore le champagne ; offrez une coupe <u>de champagne</u> <u>à Sophie</u> !

2. Si tu vas acheter des cigarettes, rapporte-moi un paquet <u>de cigarettes</u>, s'il te plaît !

3. L'aspirateur fait un drôle de bruit ; ne te sers pas <u>de l'aspirateur</u> !

4. Je voudrais des tranches de jambon. Donnez-moi quatre <u>tranches</u> !

5. Thierry n'a plus de feuilles de papier ; passe <u>une feuille</u> <u>à Thierry</u> !

23. **Remplacer les groupes de mots soulignés par le pronom qui convient :**

A/ 1. Demain, je prêterai <u>ma voiture</u> <u>à Cécile</u>.

2. Tu demanderas <u>l'adresse de Jacques</u> <u>à ses parents</u>.

3. J'ai rendu <u>tous ses disques</u> <u>à Pierre</u>.

4. Tu indiqueras bien <u>à tes invités</u> <u>le bâtiment et l'étage</u> où tu habites.

5. Je n'ai pas encore payé <u>le loyer de mon appartement</u> <u>à ma propriétaire</u>.

B/ 1. Je te recommande <u>cette discothèque</u>.

2. Elle nous donnera <u>sa réponse</u> demain.

3. Combien de fois par semaine vous lavez-vous <u>les cheveux</u> ?

4. Elle ne se rappelait plus <u>le numéro de téléphone de Clotilde</u>.

5. On m'a volé <u>ma montre</u>.

24. **Répondre aux questions suivantes en employant le pronom qui convient :**

1. A quelle occasion tes parents t'ont-ils offert ce bracelet ?

2. Est-ce que Juliette se fait ses robes elle-même ?

3. A quelle heure me ramèneras-tu les enfants ?

4. As-tu rapporté à Antoine tous les outils qu'il t'avait prêtés ?

5. Est-ce que vous laisseriez vos clefs à vos voisins ?

6. Vous a-t-on demandé vos papiers à la frontière ?

*25. Remplacer les pointillés par le pronom qui convient :

1. Yves a pris une excellente photo de toi ; il . . . . . . montrera la prochaine fois que tu viendras.

2. Voici une lettre pour Mme Lheureux. Pourriez-vous . . . . . . remettre de ma part ?

3. Nos amis ont une villa au bord de la mer et ils . . . . . . louent un mois chaque été.

4. J'avais prêté mes disques à ma sœur et elle . . . . . . a rendus tout rayés.

5. Les Dupont ne connaissent pas nos amis Durand ; il faudra que nous . . . . . . présentions.

26. Remplacer les groupes de mots soulignés par le pronom qui convient :

1. Donne-moi ton adresse !

2. Remettez-lui ces documents de ma part !

3. Présentez votre passeport au douanier !

4. Montrez-nous vos photos de vacances !

5. Ne vous lavez pas les cheveux avec ce shampooing ! Il est de mauvaise qualité.

27. Mettre les phrases suivantes à l'impératif affirmatif puis négatif en remplaçant les groupes de mots soulignés par le pronom qui convient :

1. Vous nous raconterez votre séjour en Sicile.

2. Vous lui achèterez ce jouet.

3. Tu parleras de ce projet à tes parents.

4. Tu prêteras tes skis à ton amie.

5. Vous demanderez leur avis à vos collègues.

6. Vous me donnerez d'autres indications.

28. Remplacer les groupes de mots soulignés par le pronom qui convient :

1. J'emmènerai les enfants à la piscine mercredi prochain.

2. Nous t'accompagnerons à l'aéroport si tu veux.

3. Elle s'est inscrite à l'université Paris IV la semaine dernière.

4. Je m'intéresse beaucoup <u>à l'archéologie</u>.

5. Ma fille suit un traitement pour son dos à l'hôpital Trousseau ; nous la conduisons deux fois par semaine <u>à l'hôpital Trousseau</u>.

29. Répondre aux questions suivantes en employant des pronoms :

1. Est-ce que le concierge vous apporte le courrier chaque matin ? Oui, ...

2. Est-ce que le concierge vous a apporté des lettres ce matin ? Non, ...

3. Est-ce que la secrétaire vous a donné des renseignements ? Oui, ...

4. Est-ce que la secrétaire vous a donné les renseignements que vous cherchiez ? Non, ...

5. As-tu envoyé une carte de vœux à ta tante ? Oui, ...

6. Avec quoi se lave-t-on les dents ?

7. Est-ce que la Mairie de Paris s'est opposée à la construction de la Pyramide du Louvre ? Non, ...

8. Est-ce que tous les parents donnent de l'argent de poche à leurs enfants ? Non, ...

9. Est-ce que François vous a montré, à Sylvie et à toi, les photos qu'il a prises en Auvergne cet été ? Oui, ...

10. Vous êtes-vous habitué au climat de Paris ? Oui, ...

30. Remplacer les groupes de mots soulignés par le pronom qui convient :

A/ 1. Cet enfant handicapé dépend totalement <u>de sa mère</u>.

2. Son avenir dépend <u>de cet examen</u>.

3. Tu t'occuperas <u>de mes plantes</u> pendant mon absence, n'est-ce pas ?

4. Ma mère s'occupe beaucoup <u>de mes enfants</u>.

5. A cette réunion, la présence de Mme Royer, notre interprète, est indispensable ; on ne peut pas se passer <u>de Mme Royer</u>.

6. On m'a offert une machine à calculer ; je ne peux plus me passer <u>de cette machine</u>.

B/ 1. J'ai bien pensé <u>à Roland</u> ; il passait son baccalauréat hier.

2. Nous avons repensé <u>à cette idée</u> ; elle nous paraît excellente.

3. Cette institutrice s'intéresse beaucoup <u>à ses petits élèves</u>.

4. Mon frère ne s'intéresse guère <u>à ses études</u>.

5. Il s'attache trop <u>à des détails sans importance</u>.

6. Mon fils s'est beaucoup attaché <u>à la jeune fille qui le garde</u>.

7. M. Fontaine s'est présenté <u>aux élections municipales</u>.

8. Faut-il que je me présente <u>au directeur du Personnel</u> pour obtenir ce poste ?

31. **Remplacer les groupes de mots soulignés par le pronom qui convient :**

A/ 1. Je sais jouer aux échecs.

2. Beaucoup de gens aiment regarder les jeux télévisés.

3. Va chercher les enfants à 5 heures !

4. Elle ne pourra pas parler de cette question au directeur avant la semaine prochaine.

5. Je viens de retirer de l'argent pour le week-end avec ma carte de crédit.

6. Finalement, je ne vais pas aller en Grèce cet été.

B/ 1. Nous avons fait repeindre notre appartement.

2. A la terrasse d'un café, c'est amusant de regarder passer les gens.

3. Tout le monde a entendu parler de cette catastrophe.

4. Écoutez jouer cette pianiste ; elle est remarquable !

5. Attention ! Vous avez laissé tomber votre « carte orange ».

6. Je vais me faire couper les cheveux.

7. Je suis fiévreuse ; je sens venir la grippe.

8. As-tu vu sortir Pierre ?

C/ 1. Ils regrettent d'avoir vendu leur chalet à la montagne.

2. Avez-vous entendu sonner le téléphone ?

3. Il faut laisser cuire les artichauts pendant trois quarts d'heure.

4. Va acheter du pain, s'il te plaît !

5. Tu me feras penser à mon rendez-vous chez le dentiste.

6. Il faudrait demander conseil à votre avocat.

32. **Répondre aux questions suivantes en employant le pronom qui convient :**

A/ 1. Sais-tu quel jour nous serons en vacances ?

2. Pensez-vous que le bonheur existe sur la Terre ?

3. Est-ce qu'on ne vous a pas dit qu'il fallait un visa pour aller aux États-Unis ?

4. Savez-vous où se trouve l'ambassade de votre pays à Paris ?

B/ 1. La porte de la classe sera-t-elle ouverte à 8 heures ?

2. Les étudiants de cette classe sont-ils français ?

3. A quel âge devient-on majeur dans votre pays ?

4. Depuis combien de temps vos parents sont-ils mariés ?

5. Combien de temps M. Leblond a-t-il été président de cette association de parents d'élèves ?

*33. **Indiquer dans chaque phrase ce que représente le pronom *le* :**

1. Ce poème, je **le** sais par cœur.

2. Il est gravement malade et il **le** sait.

3. Cette enfant est très gaie, comme il est normal de **l'**être à son âge.

4. Votre conseil est excellent ; je vais **le** suivre.

5. Édouard et moi, nous allons nous marier, tu **l'**as sans doute appris.

6. Je devrais arrêter de fumer ; on me **l'**a souvent dit.

7. Comment tout cela va-t-il se terminer ? Je me **le** demande.

8. Il souhaite être réélu député et il a toutes les chances de **l'**être.

9. Il a quarante-cinq ans ; on ne **le** croirait jamais !

10. « Est-ce que tu connais Bertrand ?
    — Oui, je **l'**ai rencontré dans un camp de voile. »

*34. **Remplacer les groupes de mots soulignés par le pronom qui convient :**

Exemple :
J'ai défendu aux enfants de faire du patin à roulettes sur le trottoir.
⟶ Je le leur ai défendu.

1. Nous pourrions proposer à Sylvie et Aurélien de venir passer le week-end en Normandie.

2. Akiko m'a promis de me rapporter un appareil photo du Japon.

3. Dis-lui de nous téléphoner ce soir !

4. On demande aux passagers d'attacher leur ceinture au moment du décollage et de l'atterrissage.

5. Quand elle aura passé son permis de conduire, ses parents lui permettront de prendre leur voiture.

6. On m'a conseillé de consulter un spécialiste à l'hôpital Cochin.

7. Ses parents lui interdisent de faire de l'auto-stop.

8. Vous direz à votre fils de ne pas laisser son vélo dans l'entrée de l'immeuble.

*35. **Remplacer les groupes de mots soulignés par le pronom qui convient :**

1. Je suis certain d'avoir rencontré cette personne quelque part.

2. Beaucoup de jeunes ont envie de faire le tour du monde.

3. Pense à rappeler Marc qui t'a téléphoné cet après-midi.

4. Les Smith ont-ils l'intention de rester longtemps à Paris ?

5. Il pleut à torrents. Tiens-tu vraiment à sortir maintenant ?

6. Je ne m'attendais pas à recevoir une réponse aussi rapide.

7. Paul n'a pas l'habitude de faire de longues promenades.

8. Je n'ai pas encore eu le temps d'aller voir cette exposition.

*36. Remplacer les groupes de mots soulignés par le pronom qui convient :

1. Je m'aperçois trop tard de mon erreur.

2. Je me suis aperçu que je m'étais trompé.

3. Elle est toujours très sûre de ce qu'elle affirme.

4. Je suis sûr qu'il y a un TGV (train à grande vitesse) pour Montpellier à 8 heures le lundi matin.

5. Il ne s'est pas rendu compte des conséquences de son acte.

6. Tout le monde se rend compte que l'ordinateur est en train de transformer la vie quotidienne.

7. Nous sommes ravis de sortir avec vous ce soir.

8. Je suis ravie que ma robe te plaise.

37. Trouver une question pour chacune de ces réponses :

1. Oui, je vais le lui dire.

2. Non, elle ne s'y est pas encore inscrite.

3. Non, on ne leur en donne jamais.

4. Oui, je veux bien, mais rapporte-les moi le plus vite possible.

5. C'est le propriétaire qui le leur fera visiter.

6. Oui, il l'est.

7. Oui, j'en suis absolument sûr.

8. Si, on m'en a déjà parlé.

9. Oui, la voilà !

10. Vous pourrez les lui montrer demain.

38. Remplacer les pointillés par le pronom qui convient :

A/ Marie et Laurent viennent de . . . installer dans un nouvel appartement. Ils . . . louent 3 000 francs par mois. L'agence immobilière . . . a demandé une forte caution mais on . . . . . . remboursera quand ils partiront. L'appartement était en bon état mais, comme le papier peint du salon ne . . . plaisait pas, ils . . . ont acheté un autre et ils . . . poseront eux-mêmes.

B/ Depuis longtemps, je voulais . . . inscrire à un cours de gymnastique. On . . . a ouvert

un près de chez ... ; maintenant, je ... vais régulièrement et je ... suis très contente.
Cela ... fait le plus grand bien et je ne pourrais plus ... ... passer.

C/ La semaine dernière, Pierre et Jean ... sont rencontrés à la sortie d'un cours.

« Bonjour, Jean, comment vas-... ?

— Pas mal, et ... ? Ça fait longtemps que je ne ... ai pas vu. Qu'est-ce que tu deviens ?

— Ça va, merci ; je suis allé comme je ... ... avais dit à la montagne. Je ... suis allé avec Paul et Denis. Tu ... connais, je ... ... ai présentés le jour de mon anniversaire. Leurs parents ont un chalet à La Plagne et ils ... ... ont prêté. C'était formidable. J'ai pris beaucoup de photos.

— Ah oui ! Montre-... ... !

— Je ne ... ai pas sur ..., je ... ... apporterai demain au cours. »

*39. Répondre aux questions suivantes sans employer de pronoms :

A/ *Exemple :* Savez-vous nager ? Oui, je sais. / Oui, je sais nager.

1. Savez-vous conduire ? Oui, ...

2. Peux-tu venir dîner ce soir ? Oui, ...

3. Sait-il taper à la machine ? Non, ...

4. Pouvez-vous rester jusqu'à 5 heures ? Non, ...

B/ *Exemple :* Veux-tu prendre une tasse de thé ? Oui, je veux bien.

1. Vous semblez fatiguée ; voulez-vous vous reposer un moment ? Oui, ...

2. Aimeriez-vous voyager davantage ? Oui, ...

3. Aimeriez-vous vivre centenaire ? Oui, ...

4. Voudriez-vous vous promener avec nous ? Oui, ...

C/ *Exemple :* Accepteriez-vous de prendre un travail de nuit ? Oui, j'accepterais.

1. As-tu essayé de lui téléphoner ?

2. Elle a trois enfants ; va-t-elle continuer à travailler ?

3. Tu n'oublieras pas de venir à 18 heures, n'est-ce pas ?

4. Quand les acteurs auront-ils fini de répéter ?

5. Est-ce qu'il a vraiment refusé de vous aider ?

*40. Remplacer les pointillés par les pronoms *le, la* ou *ça* :

1. C'est un acteur formidable ; je ... aime beaucoup.

2. Ce fromage, je ... aime beaucoup.

3. Le fromage, les Français aiment beaucoup ... .

4. Aimez-vous faire du ski ? Oui, j'aime bien . . . .

5. Je viens de voir Louise ; je . . . ai trouvée très fatiguée.

6. La télévision, la plupart des gens trouvent . . . très distrayant.

7. Cette émission, je . . . ai trouvée passionnante.

8. Denis veut aller en Grèce avec sa vieille voiture ; ses parents trouvent . . . imprudent.

9. 12 francs pour un café, j'appelle . . . du vol !

10. Il s'appelle Frédéric ; on . . . appelle Fred.

11. Pierre n'est pas encore arrivé ; je . . . attends depuis une heure.

12. Dans trois mois, nous emménagerons dans notre nouvelle maison ; j'attends . . . avec impatience.

*41. **Dans les expressions en caractère gras qui appartiennent surtout au langage parlé, les pronoms *en* et *y* sont parfois difficiles à analyser. Faire une phrase avec chacune d'entre elles.**

A/ 1. « As-tu terminé le livre que je t'avais prêté ?
— Non, **j'en suis** au chapitre V. »

2. Nous avons marché toute la journée ; **nous n'en pouvons plus.**

3. Je vais à la poste ; attends-moi, **j'en ai pour** cinq minutes.

4. Elle a fait réparer son téléviseur ; **elle en a eu pour** 500 francs.

5. Ça fait quatre heures que je roule. **J'en ai assez,** je vais m'arrêter pour prendre un café.

6. Jean a un travail fou en ce moment ; **il ne s'en sort pas.**

7. La pluie s'arrête enfin. **Profitez-en pour** aller faire un tour.

8. Tu as cassé une assiette ! **Ne t'en fais pas,** on la recollera.

9. Alain a gagné 10 000 francs au Loto. **Il n'en revient pas.**

10. Il a raconté mes ennuis professionnels à tout le monde ; **je lui en veux** beaucoup.

B/ 1. J'habite maintenant en province : mais **je ne m'y ferai jamais,** Paris me manque trop.

2. Ce livre est très difficile ; **je n'y comprends rien.**

3. « Vous avez fini votre exercice ?
— Oui, **ça y est !** »

4. J'ai déjà vu cette personne quelque part, mais où ? Ah, **j'y suis,** c'était au mariage de mon neveu !

5. Ouvrez votre livre à la page 95 ! **Vous y êtes ?**

6. « Pourquoi ne peut-on pas prendre de photos dans ce musée ?
— **Je n'y peux rien,** monsieur, c'est le règlement. »

7. Mon frère répare lui-même sa moto. **Il s'y connaît très bien en mécanique.**

8. **Vous vous y prenez mal** : il ne faut pas tenir votre raquette comme ça.

Chapitre 10

Les pronoms relatifs

1.

A/ **Relier les phrases suivantes par le pronom qui convient :**

Exemple :
J'attends les enfants ; **les enfants** rentrent à 5 heures.
——➤ J'attends les enfants **qui** rentrent à 5 heures.

1. Isabelle prend des leçons de piano avec un professeur ; **ce professeur** a obtenu le premier prix du Conservatoire.

2. On m'a donné un chien ; j'ai appelé **ce chien** Médor.

3. Attention au lait ; **le lait** va déborder.

4. Te rappelles-tu ce film ? Nous avons vu ce **film** ensemble il y a quelques années.

5. Nous irons avec nos amis Forget dans un restaurant ; ils nous ont vivement recommandé **ce restaurant**.

6. Pour aller dans ce village des Cévennes, il faut prendre une petite route ; **cette route** est très pittoresque.

B/   **Compléter les phrases suivantes par le pronom qui convient :**

1.   Est-ce votre cousine . . . j'ai aperçue à la bibliothèque ?

2.   Je regrette, monsieur, le passeport . . . vous me présentez n'est plus valable.

3.   Vous venez de dire quelque chose . . . m'intéresse beaucoup.

4.   Le train . . . j'ai pris pour aller à Strasbourg a eu une heure de retard.

5.   C'est quelqu'un . . . n'a pas froid aux yeux.

6.   Quel est le metteur en scène . . . a tourné *Les Enfants du paradis* ?

2.   **Relier les phrases suivantes par le pronom *dont* en précisant sa fonction (complément de nom, d'adjectif, de verbe) :**

1.   Ma sœur achète tous les disques de ce chanteur. On parle beaucoup de ce chanteur en ce moment.

2.   Paul avait inventé un jeu ; les règles de ce jeu étaient très simples.

3.   Ce passage est extrait d'un roman ; j'ai oublié le titre de ce roman.

4.   Je vais te rendre ta machine à écrire ; je n'en ai plus besoin.

5.   Mon cousin Hervé m'a raconté des histoires de famille ; je ne m'en souvenais plus très bien.

6.   Cécile a rencontré un jeune Allemand ; sa famille est d'origine française.

7.   Patrick vient d'acheter une superbe chaîne stéréo ; il en est très fier.

8.   Ils ont fini par faire ce voyage ; ils en rêvaient depuis des années.

3.

A/   **Relier les phrases suivantes par le pronom *où* :**

1.   Le Périgord est une région de France ; on y produit beaucoup de foie gras.

2.   Près de chez moi, il y a une boutique de prêt-à-porter ; on y trouve de très jolies choses.

3.   Cet été, nous avons fait une sortie en bateau un après-midi ; il y avait un vent fou cet après-midi-là.

4.   Notre voiture est tombée en panne un jour ; il pleuvait beaucoup ce jour-là.

5.   Les Laforêt ont organisé une fête ; nous y avons rencontré des gens très sympathiques.

6.   J'étais en Floride une année ; il y a eu un très violent cyclone cette année-là.

7.   Chopin est mort à une époque ; on ne savait pas guérir la tuberculose à cette époque-là.

8.   Un verger est un endroit ; on y cultive des arbres fruitiers.

*B/   **Compléter les phrases suivantes par *d'où, par où, là où, partout où* :**

1.   Quand tu auras fini de coudre, tu remettras les ciseaux . . . . . . tu les as pris.

2.   En haut de la tour Montparnasse, se trouve un restaurant . . . . . . l'on peut apercevoir tout Paris.

3. Notre guide connaît très bien les endroits ... ... il faut passer pour éviter les avalanches.

4. Il a gardé l'accent de la région ... ... il vient.

5. Cet acteur est si célèbre qu'on le reconnaît ... ... il va.

6. Il est intéressant de connaître le latin et le grec ... ... proviennent la plupart des mots français.

4. **Relier les phrases suivantes par le pronom qui convient :**

1. Je vous présenterai les Rollin ; nous avons fait un voyage en Égypte avec eux l'hiver dernier.

2. Voici un plan de Paris ; les sens uniques sont indiqués sur ce plan.

3. Mon oncle prend tous les soirs un médicament ; il ne peut pas dormir sans ce médicament.

4. C'est une photo de famille ; j'y tiens beaucoup.

5. Dans le grenier, les enfants ont retrouvé de vieux vêtements ; ils vont se déguiser avec ces vêtements.

6. Ce sont des détails ; je n'y pense jamais.

7. L'architecte a fait venir le chef de chantier, M. Lenoir ; il voulait lui poser quelques questions.

8. C'est un garçon très sérieux ; on peut avoir confiance en lui.

9. Ma mère a acheté très cher des chaises anciennes ; on est très mal assis sur ces chaises.

10. J'aime beaucoup ma tante Albertine ; je passais toujours mes vacances chez elle, dans mon enfance.

5. **Relier la première phrase aux suivantes par le pronom qui convient :**

C'est un ami ; | je le connais depuis longtemps.
| tu peux compter sur lui.
| il habite à Lyon.
| je lui écris souvent.
| j'ai confiance en lui.
| je sors souvent avec lui.
| sa sœur est journaliste à la télévision.

C'est un livre ; | il m'a passionné.
| il y a de très jolies photos dedans.
| le professeur nous a conseillé de le lire.
| le professeur nous en a conseillé la lecture.
| j'y tiens beaucoup.
| son succès est immense.
| j'ai été interrogé à l'examen sur ce livre.

Même exercice avec : ce sont des livres.

*6.   **Relier les phrases suivantes par le pronom qui convient :**

Exemple :
J'aime me promener sur les quais de la Seine ; on trouve beaucoup de bouquinistes **le long de ces quais.**
⟶   J'aime me promener sur les quais de la Seine **le long desquels** on trouve beaucoup de bouquinistes.

1.   Le lac d'Annecy est un lac magnifique ; il y a de hautes montagnes autour de ce lac.

2.   Pour aller à Versailles, prenez cette avenue ; vous trouverez le château au bout de cette avenue.

3.   *Madame Bovary* est un roman de Flaubert ; l'héroïne se suicide à la fin du roman.

4.   A l'entrée du vieux port, il y avait un phare ; beaucoup de vacanciers venaient pêcher près de ce phare.

5.   Dans le salon, il y a une grande cheminée ; un portrait de mon arrière-grand-père est accroché au-dessus de cette cheminée.

6.   C'est une route de forêt ; on a aménagé des espaces pour pique-niquer au bord de cette route.

7.   Le Premier ministre a donné une conférence de presse ; il a défendu son plan de modernisation industrielle au cours de cette conférence.

8.   En rangeant une armoire, j'ai retrouvé des lettres de ma grand-mère ; il y avait des fleurs séchées au milieu de ces lettres.

*7.   **Relier les phrases suivantes par le pronom qui convient :**

Exemple :
Ce meuble est en très mauvais état ; il me vient de ma grand-mère.
⟶   Ce meuble, qui me vient de ma grand-mère, est en très mauvais état.

1.   La piscine est entourée d'un très joli jardin ; je vais me baigner régulièrement dans cette piscine.

2.   Le couteau était rouillé ; je me suis coupé avec ce couteau.

3.   Mathieu a rencontré Sophie au théâtre ; il ne l'avait pas vue depuis des années.

4.   Le concert a été annulé ; nous devions assister à ce concert hier soir.

5.   Le coiffeur est parti en vacances ; je vais d'habitude chez ce coiffeur.

6.   La maison des Landru n'était pas assurée contre l'incendie ; elle a brûlé la nuit dernière.

7.   La motocyclette coûte vraiment très cher ; mon fils en a envie.

8.   Le jouet est déjà cassé ; on vient de l'offrir à la petite Amélie.

8.   **Transformer les phrases suivantes selon le modèle donné :**

Exemple :
J'ai acheté une robe qui me plaît beaucoup.
⟶   La robe que j'ai achetée me plaît beaucoup.

1. Le professeur nous a lu un article qui analyse très bien la situation politique de la France.

   ⟶ L'article . . . .

2. On a parlé à la radio du dernier roman de Marguerite Duras que j'ai très envie de lire.

   ⟶ J'ai très envie de lire le dernier roman de Marguerite Duras . . . .

3. Stéphane discute avec une amie qu'il a rencontrée à la faculté de Droit.

   ⟶ Stéphane a rencontré à la faculté de Droit l'amie . . . .

4. Je déjeune presque tous les jours dans un restaurant dont la patronne est une excellente cuisinière.

   ⟶ La patronne du restaurant . . . .

5. Le foulard que tu m'as offert va très bien avec mon manteau rouge.

   ⟶ Tu m'as offert un foulard . . . .

9.

A/ Compléter les phrases suivantes par un pronom démonstratif suivi d'un pronom relatif :

Exemple :
Il y avait des poires au marché, j'ai choisi **celles qui** étaient les plus mûres.

1. « Tu t'es tricoté un nouveau chandail ?
   — Non, c'est . . . . . . tante Jeanne m'a offert. »

2. Philippe triait de vieux papiers ; il gardait . . . . . . étaient encore utiles et jetait . . .
   . . . il n'avait plus besoin.

3. Il n'y a que cinquante et une cartes dans ce jeu ; où est . . . . . . manque ?

4. Monique m'a apporté un beau livre sur l'Espagne ; c'est . . . . . . je lui avais demandé.

5. J'ai perdu mon crayon à quatre couleurs ; c'est . . . . . . je me servais tout le temps.

*B/ Compléter les phrases suivantes par *ce qui, ce que, ce dont* :

1. Tu devrais écouter . . . . . . je te dis.

2. Il fait . . . . . . lui plaît et il se moque complètement de . . . . . . pensent les autres.

3. C'était un enfant insupportable ; ses parents lui laissaient faire tout . . . . . . il voulait.

4. Catherine a mis dans sa valise . . . . . . elle aura besoin pour son séjour à la montagne.

5. Regardez bien . . . . . . est écrit sur le panneau d'affichage.

6. J'ai un problème ; voici . . . . . . il s'agit.

*C/ Relier les phrases suivantes en remplaçant *cela* par *ce qui, ce que* :

Exemple :
Il est venu nous voir : **cela** nous a fait très plaisir.
   ⟶ Il est venu nous voir ; **ce qui** nous a fait très plaisir.

1. Le dentiste m'a donné un rendez-vous pour samedi ; cela ne m'arrange pas du tout.

2. Annette parle très bien l'anglais ; cela lui a permis de trouver un poste de secrétaire bilingue.

3. Le pianiste a quitté la scène sans saluer le public ; je n'avais jamais vu cela.

4. Agnès n'est pas encore arrivée ; cela m'étonne car elle n'est jamais en retard.

5. Martin ne marche pas encore ; cela n'est pas normal pour un enfant de son âge.

6. Ils ont voyagé toute la nuit et veulent se reposer ; je comprends très bien cela.

10. **Compléter les phrases suivantes par le pronom qui convient :**

1. Pouvez-vous répéter ce . . . vous venez de dire ?

2. Allez voir au Louvre le célèbre tableau de Delacroix . . . représente *La Liberté guidant le peuple* !

3. Nous irons certainement un jour dans ce pays . . . nous ne sommes jamais allés.

4. Nous irons certainement un jour dans ce pays . . . nous n'avons jamais visité.

5. Nous avons retrouvé des photos sur . . . on voit comment était la maison du temps de nos grands-parents.

6. Je n'aurais pas dû acheter cette caméra trop lourde . . . je ne me sers jamais.

7. A Montmartre, sur la place du Tertre, il y a toujours des peintres . . . font le portrait des touristes . . . le veulent.

8. La retransmission de ce concert sera interrompue par un entracte au cours de . . . vous pourrez entendre *le Boléro* de Maurice Ravel.

9. C'est une occasion . . . vous devriez profiter.

10. L'orchestre . . . dirigera Pierre Boulez interprétera des œuvres contemporaines.

11. De tous les romans de Zola, quel est celui . . . tu préfères ?

12. Ma mère m'a offert une cafetière . . . je suis très contente.

11. **Compléter les phrases suivantes :**

1. J'ai enfin trouvé à louer un studio qui . . . .

2. Pour bien voir les vitraux de la cathédrale de Chartres, il faut y aller un jour où . . . .

3. Mes parents sont venus trois jours à Paris ; c'est la raison pour laquelle . . . .

4. L'appartement que . . . . donne sur le Champ de Mars.

5. C'est une tour de vingt-cinq étages en haut de laquelle . . . .

6. Les randonneurs avaient mis dans leur sac à dos tout ce dont . . . .

7. C'est un acteur qui . . . .

8. C'est un acteur que . . . .

9. J'ai revu les amis avec qui . . . .

10. Ce film dont . . . .

11. Le stylo avec lequel . . . .

12. Les journalistes qui . . . .

13. Le restaurant où . . . .

14. Avez-vous lu le livre que . . . .

12. **Compléter les phrases suivantes par le pronom qui convient précédé d'une préposition, si cela est nécessaire :**

A/ L'île Saint-Louis est restée, en plein cœur de Paris, un endroit tranquille . . . j'aime me promener. Elle se trouve à côté de l'île de la Cité . . . elle est reliée par un pont. La rue Saint-Louis-en-l'Ile, . . . la traverse de part en part, est bordée de nombreux hôtels du XVIIe siècle, . . . les façades ont été récemment restaurées.

B/ Quand je suis rentré chez moi, la concierge m'a donné un paquet . . . venait d'arriver et . . . j'attendais avec impatience. Dedans, il y avait un livre . . . j'avais besoin pour mes études et . . . je n'avais pas pu trouver là . . . j'habite. J'avais demandé à une amie . . . vit à Paris de me l'envoyer, ce . . . elle a fait le plus vite possible.

C/ Le village . . . habitent nos amis se trouve près de Deauville. Ils m'ont indiqué sur la carte la route . . . il faut passer pour y aller. J'y resterai le temps . . . il faudra pour me reposer. Leur maison, . . . tu as vu des photos, est une ancienne ferme. Les gens . . . la leur ont vendue demeurent maintenant à Saint-Malo, ville . . . tu connais bien.

13. **Mettre le verbe entre parenthèses au mode et au temps convenables:**

A/ 1. Je cherche quelqu'un de sérieux qui *(pouvoir)* garder mes enfants le mercredi.

2. C'est le meilleur film que je *(voir)* cette année.

3. Y a-t-il quelqu'un qui *(vouloir)* sortir avec moi ce soir ?

4. Il n'y a que lui qui *(savoir)* faire marcher cet appareil-vidéo.

5. C'est la seule solution qui me *(paraître)* satisfaisante.

6. Pourriez-vous m'indiquer un hôtel qui ne *(être)* pas trop cher ?

7. Nous sommes allés visiter les gorges du Tarn ; c'est l'excursion la plus intéressante que nous *(faire)* l'été dernier.

8. Je ne vois personne qui *(pouvoir)* vous rendre ce service.

B/ 1. J'ai acheté un chemisier qui *(aller)* très bien avec ma nouvelle jupe.

2. Je cherche un chemisier qui *(aller)* avec ma jupe bleue.

3. On demande une caissière qui *(avoir)* deux ou trois années d'expérience.

4. La direction a engagé une caissière qui *(avoir)* deux ou trois années d'expérience.

5. C'est un des rares restaurants de la ville qui *(être)* ouvert après minuit.

6. C'est un restaurant qui *(être)* ouvert toute la nuit.

7. Dans tous ces articles en solde, je n'ai rien trouvé qui me *(plaire)*.

8. Pendant les soldes, j'ai acheté un manteau qui me *(plaire)* beaucoup.

Chapitre 11

L'interrogation

> 1. Interrogation simple
> 2. 3. Emploi d'un mot interrogatif
> 4. Forme interro-négative
> 5. Révision
> 6. *Quel/lequel*

1. Mettre les phrases suivantes à la forme interrogative :

Exemple :
Le parking est complet.

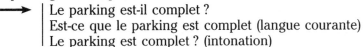 | Le parking est-il complet ?
Est-ce que le parking est complet (langue courante)
Le parking est complet ? (intonation)

1. Vous étudiez le français depuis longtemps.

2. Jacques a raison de changer de situation.

3. On peut entrer dans cette école sans le baccalauréat.

4. Il s'intéresse à la littérature comparée.

5. Vous me comprenez quand je parle.

6. Les Forestier habitaient déjà à Paris à ce moment-là.

7. Juliette viendra à la maison dimanche prochain.

8. Je peux vous aider.

9. Le beau temps va enfin revenir.

10. Vous allez vous inscrire à l'université de Paris IV.

11. Bernard s'est aperçu de son erreur.

12. Hélène avait fini son travail à 8 heures.

13. Tu as fait réparer les robinets de la salle de bain.

14. La pollution a fait augmenter le nombre des maladies respiratoires.

15. Des kiwis, vous en avez déjà mangé.

16. Cette leçon, vous la leur aviez expliquée.

17. Tu n'es pas d'accord avec moi.

18. Vous n'avez pas entendu ce qu'il a dit.

19. Tu n'aimerais pas vivre centenaire.

20. Ton ami ne prépare pas le même examen que moi.

2. **Poser la question qui correspond à la réponse :**

A/ *Exemple :*
Je pars demain. *(quand)*
    ⟶ | Quand partez-vous ?
          | Quand est-ce que vous partez ? (langue courante)

1. Elle a pris des leçons de dessin aux Beaux-Arts *(où)*

2. Il a vu ce film hier soir. *(quand)*

3. On joue à la canasta avec deux jeux de cartes. *(comment)*

4. Il pèse 80 kilos. *(combien)*

5. Nous rentrerons vers minuit. *(vers quelle heure)*

6. Je n'ai pas téléphoné parce que je suis rentré trop tard. *(pourquoi)*

B/ *Exemple :*
Les enfants partent demain. *(quand)*
    ⟶ | Quand les enfants partent-ils ?
          | Quand partent les enfants ?
          | Quand est-ce que les enfants partent ? (langue courante)

1. Mon ami habite à Rouen. *(où)*

2. Irène et Xavier vont se marier cet été. *(quand)*

3. Hubert est tombé en montant sur le toit. *(comment)*

4. Une place de cinéma coûte 30 francs. *(combien)*

5. Aline viendra à 8 heures. *(à quelle heure)*

6. Ce petit garçon pleure parce qu'il a perdu son ballon. *(pourquoi)*

3. **Poser la question correspondant à la réponse en employant :**

A/ | **Qui est-ce ?**
   | **Qu'est-ce que c'est ?**

1. C'est l'un de mes beaux-frères.

2. C'est un peuplier.

3. C'est la directrice du lycée.

4. C'est un appareil pour râper les légumes.

5. Ce sont des dentelles faites par mon arrière-grand-mère.

B/ **Qui . . . . ? / Qui est-ce qui . . . . ?**
Qu'est-ce qui . . . . ?

1. Ce sont les Martin qui nous ont offert ce livre.

2. C'est la machine à laver qui fait ce bruit.

3. C'est Maria Callas qui chante.

4. C'est la lampe qui est tombée.

5. C'est un coureur français qui a gagné le Tour de France.

6. C'est le plombier qui arrive.

7. C'est la cloche de l'église Saint-Martin qui sonne.

8. C'est un groupe d'étudiants qui a monté cette pièce.

C/ **Qui . . . . ? / Qui est-ce que . . . . ?**
Que . . . . ? / Qu'est-ce que . . . . ?

1. J'ai invité Suzanne et Nathalie.

2. Elle a répondu qu'elle ne pouvait pas venir.

3. Je ne ferai rien de spécial.

4. Elle épouse un ami d'enfance.

5. Je pense que c'est un bon roman.

6. Je voudrais un morceau de gruyère et une douzaine d'œufs.

D/ **Préposition + qui // Préposition + quoi**

Exemple :
Nous sommes invités chez les Dulong.
⟶ **Chez qui** êtes-vous invités samedi soir ?

1. Je pars en vacances avec des cousins.

2. Cette statue est en marbre.

3. Je pense à mon prochain voyage au Portugal.

4. Elle est en train d'écrire à ses parents.

5. Nous parlons des avantages et des inconvénients de cette méthode.

6. On peut enlever cette tache avec de l'alcool à 90 degrés.

4. **Répondre affirmativement aux questions suivantes :**

1. N'est-il pas possible de déplacer ce rendez-vous ?

2. Est-ce que tu n'aimerais pas aller à Vienne ?

3. Vous n'auriez pas la monnaie de 100 francs ?

4. Vous n'êtes pas fatigués ?

5. Le Président n'est-il pas élu au suffrage universel ?

5. **Poser la question qui correspond à chacune des réponses suivantes :**

A/ *Adverbes*

1. Nous irons passer nos vacances en Normandie comme d'habitude.

2. Je m'appelle Pierre.

3. J'ai un frère et une sœur.

4. Il coûte 150 francs.

5. Parce que j'ai mal à la tête.

6. Ce film dure deux heures et demie.

7. Elle est en France depuis six semaines.

8. Ça va bien, merci ; et toi ?

9. J'y suis allé trois fois.

10. Nous irons en avion.

11. Ils se sont rencontrés il y a trois mois.

12. Parce qu'elle veut devenir interprète.

B/ *Pronoms*

1. C'est un cadeau pour Sophie.

2. C'est le frère de mon amie Marielle.

3. Ils ont reçu leurs amis Paul et Béatrice.

4. Elle ressemble à son père.

5. Je ne pense à rien.

6. C'est Vincent qui a apporté ces fleurs.

7. Il ne s'est rien passé d'extraordinaire pendant ton absence.

8. C'est le repas d'hier soir qui m'a rendu malade.

9. Je fais la grasse matinée puis je sors avec des amis.

10. On fait les meringues avec des blancs d'œufs et du sucre.

11. Nous avons parlé de la dernière conférence de presse du Président.

12. Nous parlions d'amis communs.

13. Je dînerai chez Geneviève.

14. Elle est partie en vacances avec Éric.

C/ **Quel(le)s**

1. Il est **midi.**

2. Elle prend le train **à 22 h 15.**

3. Je suis levé **depuis 7 heures du matin.**

4. On peut l'appeler **à partir de 9 heures du matin.**

5. J'y vais **le mardi.**

6. Elle est **japonaise.**

7. Il est **bleu marine.**

8. Elles fleurissent **en été.**

6. **Compléter les phrases suivantes par *quel* ou *lequel* en faisant l'accord nécessaire :**

Exemple :
Vous qui avez vu presque tous les films de Fellini,
| **lequel** préférez-vous ?
| **quel** est celui que vous préférez ?

1. Il y a plusieurs restaurants grecs au Quartier latin.
   | . . . me conseilles-tu ?
   | . . . est celui que tu me conseilles ?

2. Regarde ces deux robes !
   | . . . choisirais-tu ?
   | . . . est celle que tu choisirais ?

3. Il y a beaucoup de monuments à Paris.
   | . . . avez-vous visités ?
   | . . . sont ceux que vous avez visités ?

4. J'ai tous les opéras de Verdi.
   | . . . veux-tu écouter ?
   | . . . est celui que tu veux écouter ?

5. Vous avez répondu à toutes les questions ?
   | . . . vous ont paru difficiles ?
   | . . . sont celles qui vous ont paru difficiles ?

N.B. *Voir également le chapitre 22 sur l'interrogation indirecte.*

Chapitre 12

La négation

1.   **Mettre les phrases suivantes à la forme négative :**

A/   1.   J'ai envie de sortir ce soir.

2.   Il avait faim.

3.   Bill reviendra en France l'été prochain.

4.   Partez tout de suite !

5.   La réunion a commencé à l'heure.

6.   Est-ce vrai ?

B/   1.   Elle aime les animaux.

2.   Il met du sucre dans son café.

3.   Nous avons trouvé une voiture d'occasion à un prix intéressant.

4.   C'est une très bonne cuisinière.

5.   Ce sont des gens très sympathiques.

6.   Avez-vous entendu les explications du guide ?

N.B. *Voir également le chapitre premier sur les articles.*

2. **Même exercice :**

A/ 1. Il regarde les émissions sportives et les jeux télévisés.

2. Mon médecin reçoit le mardi et le samedi.

3. Cette année, il a fait beau au printemps et en été.

4. En ce moment, j'ai le temps d'aller au cinéma et au théâtre.

B/ 1. Aux soldes de Cardin, j'ai trouvé une ceinture et un foulard à mon goût.

2. Je prendrai du fromage et un dessert.

3. Suzanne a acheté des cerises et des fraises.

4. Dans cette petite cuisine, il y a un four et un lave-vaisselle.

3. **Imiter l'exemple suivant :**

Je ne vais pas aller à Versailles. Je regrette de ....
⟶ *Je regrette de ne pas aller à Versailles.*

1. Henri ne retrouve pas ses clés. Il est très ennuyé de ....

2. Je ne mange pas de pain. Je préfère ....

3. Christine ne veut pas être en retard. Elle se dépêche pour ....

4. Ne te trompe pas ! Fais bien attention à ....

5. Je n'ai pas le temps de voir cette exposition. Je regrette de ....

N.B. *Pour les pronoms et adjectifs indéfinis négatifs, voir également le chapitre 6.*

4. **Mettre les phrases suivantes à la forme négative :**

1. Sa blessure est déjà guérie.

2. Didier me bat toujours aux échecs.

3. Je prends souvent des bains de soleil sur mon balcon.

4. Je me passe quelquefois de déjeuner.

5. France-Musique a déjà diffusé ce concert de musique de chambre.

6. Tiens ! Il pleut encore !

7. J'ai déjà mangé des cuisses de grenouille.

8. Nous mangeons souvent des fruits de mer.

9. Tu fais toujours les courses le samedi.

10. Jean-Baptiste veut encore de la purée.

11. Nous sommes déjà allés en Norvège.

12. Il a déjà donné sa réponse.

13. Je dîne quelquefois dans ce restaurant.

14. On a déjà vu de la neige à Paris en juin.

15. Les cours de droit de première année ont encore lieu dans l'amphithéâtre Sully.

16. Dans notre enfance, nous allions parfois au bord de la mer.

17. Mon mari rentre souvent avant 19 heures.

18. Nous passons toujours nos vacances au même endroit.

5. **Imiter l'exemple suivant :**

boire - un verre d'eau -
⟶ Le malade ***n'a pas*** *bu* ***du tout, même pas*** *un verre d'eau.*

1. Entendre - quand on crie -

2. Lire - un journal -

3. Dormir cette nuit - une heure -

4. Pleuvoir hier - quelques gouttes -

6. **Répondre aux questions suivantes en imitant le modèle donné :**

« Y a-t-il des prunes dans la corbeille ?
— Non, il ***n'*** *y en a* ***pas une seule****. »*

« Y a-t-il encore des prunes dans la corbeille ?
— Non, il ***n'*** *y en a* ***plus une seule****. »*

1. As-tu quelques pièces de 1 franc ?

2. As-tu encore quelques pièces de 1 franc ?

3. Est-ce qu'on trouve encore à Paris des maisons éclairées à la bougie ?

4. Est-ce qu'il reste des bouteilles de bière dans le réfrigérateur ?

5. Est-ce qu'il y a encore des bouteilles de bière dans le réfrigérateur ?

7. **Répondre négativement aux questions suivantes en imitant le modèle donné :**

« Je n'ai pas fait ma rédaction, et toi ?
— Moi non plus ! »

« J'ai fait ma rédaction, et toi ?
— Pas moi ! »

1. Cet étudiant n'a pas compris les explications du professeur, et les autres ?

2. Denis va faire des études de médecine, et sa sœur ?

3. Mme Lambert ne prend jamais l'avion, et son mari ?

4. Nous irons passer nos vacances en famille, et vous ?

5. Je ne changerai pas de voiture cette année, et toi ?

*8. **Imiter l'exemple suivant :**

A/ *Solange n'a rien dit et elle est sortie.*
⟶ *Solange est sortie sans rien dire.*

1. Ils n'ont pas dit « au revoir » et ils ont quitté la pièce.

2. Il mange sa viande presque crue et il ne la sale pas.

3. Le malade est resté deux jours au lit et il n'a rien mangé.

4. Elle a passé la journée chez elle et elle n'a vu personne.

5. Ils ont assisté à l'accident et ils n'ont rien fait.

B/ *L'élève a rendu une dictée et il n'avait aucune faute.*
⟶ *L'élève a rendu une dictée sans aucune faute.*

1. Roberto a obtenu son visa et il n'a eu aucune difficulté.

2. Nous avons loué un appartement et il n'a aucun confort.

3. Mon voisin m'a raconté une histoire ; elle n'avait aucun intérêt.

9. **Imiter l'exemple suivant :**

*Il fume **seulement** des cigarettes brunes.*
⟶ *Il **ne** fume **que** des cigarettes brunes.*

1. Au petit déjeuner, Myriam a pris seulement du café.

2. Dans cette région, on cultive seulement des céréales.

3. Nous sommes arrivés seulement à minuit passé.

4. Il me reste seulement deux photos à prendre.

5. Paris-Lyon en TGV (train à grande vitesse), ça prend seulement deux heures.

6. Ces boucles d'oreilles coûtent seulement 100 francs.

10. **Compléter les phrases suivantes en imitant le modèle donné :**

*Les plats sont tout préparés ; il **n'y** a **qu'à** . . . .*
⟶ *Les plats sont tout préparés ; il **n'y** a **qu'à** les réchauffer.*

1. Si tu es fatigué, tu n'as qu'à . . . .

2. La vaisselle est faite, il n'y a qu'à . . . .

3.   Tu n'as pas réussi ton examen, tu n'avais qu'à . . . .

4.   Si tu ne peux pas venir dîner samedi soir, tu n'as qu'à . . . .

5.   Le dernier métro vient de passer, on n'a qu'à . . . .

6.   Puisqu'il n'y a plus de places pour cette pièce de théâtre, vous n'avez qu'à . . . .

7.   Si tous les vols pour Marseille sont complets, nous n'aurons qu'à . . . .

11. **Donner la forme négative des mots en caractères gras en utilisant l'un des préfixes donnés :**

A/   **im / in / il / ir**

1.   C'est une phrase **correcte.**

2.   C'est une histoire **vraisemblable.**

3.   Il est **conscient** du danger.

4.   Il a eu une réaction tout à fait **compréhensible.**

5.   Je suis **capable** de changer une roue de voiture en cinq minutes.

6.   C'est un nombre **pair.**

7.   C'était un accident **prévisible.**

8.   Il est **patient.**

9.   Ce terrain est **perméable.**

10. Votre écriture est **lisible.**

11. Ce que vous avez fait est **légal.**

12. Ce verbe est **régulier.**

13. Votre projet semble **réalisable.**

B/   **mé / mal**

1.   Il a toujours l'air **content.**

2.   Ce climat est très **sain.**

3.   Il a des gestes très **adroits.**

4.   C'est un commerçant **honnête.**

5.   Cet enfant semble **heureux.**

Chapitre 13

L'accord du verbe avec le sujet

1. **Mettre le verbe entre parenthèses au mode et au temps indiqués :**

1. Dans ce magasin, les cassettes et les disques *(se trouver)* au premier étage. *(indicatif présent)*

2. Le chêne, le marronnier et le bouleau *(être)* des arbres très courants en France. *(indicatif présent)*

3. Mon mari et moi *(aimer)* faire le tour du monde. *(conditionnel présent)*

4. Son oncle et lui *(avoir)* le même prénom. *(indicatif présent)*

5. Le commissaire Leroy et vous *(pouvoir)* peut-être vous charger de cette enquête. *(conditionnel présent)*

6. Sous les arbres, *(pousser),* dans la mousse et les herbes, de jolies petites fleurs bleues. *(imparfait)*

2. **Même exercice :**

1. C'est ton opinion mais tout le monde ne *(penser)* pas comme toi. *(indicatif présent)*

2. Il va falloir qu'on *(refaire)* l'installation électrique de tout l'immeuble. *(subjonctif présent)*

3. Dans la région parisienne, la majorité des gens *(souhaiter)* que leur lieu de travail soit plus proche de leur domicile. *(conditionnel présent)*

4. Un groupe d'étudiants *(faire)* une excursion au Mont-Saint-Michel la semaine prochaine. *(futur)*

5. Dès l'ouverture des portes, le public *(se précipiter)* dans le stade. *(passé simple)*

6. La famille Orsini *(émigrer)* aux États-Unis au début du XXe siècle. *(passé composé)*

7. La foule *(applaudir)* sur le passage du cortège officiel. *(imparfait)*

8. J'avais invité tous mes neveux à une séance de marionnettes ; la plupart *(venir)*. *(passé composé)*

9. A Paris, peu de personnes *(connaître)* la charmante petite place de Furstenberg. *(indicatif présent)*

10. Dans la classe, une dizaine d'enfants *(attraper)* la varicelle. *(passé composé)*

11. La plupart des maisons *(être détruit)* par le séisme. *(passé composé)*

12. Une équipe d'archéologues *(découvrir)* un site préhistorique. *(passé récent)*

3. **Même exercice :**

1. Tu as raison, c'est moi qui *(avoir)* tort. *(présent)*

2. Nicolas et toi qui *(habiter)* à Paris depuis toujours, vous ne connaissez pas la rue du Chat-qui-pêche ? *(présent)*

3. Moi qui *(aller)* déjà plusieurs fois en Espagne, je peux te recommander quelques bons hôtels. *(passé composé)*

4. C'est nous qui *(arriver)* les premiers hier. *(passé composé)*

5. Ma sœur et moi qui *(aimer)* beaucoup le cinéma, nous y allons au moins une fois par semaine. *(présent)*

6. C'est moi qui *(se lever)* demain matin pour aller chercher des croissants. *(futur)*

7. Est-ce ta sœur et toi qui *(cueillir)* tous ces abricots ? *(passé composé)*

8. Charles, Victor et moi, qui *(naître)* tous les trois en février, nous fêterons notre anniversaire ensemble. *(passé composé)*

9. C'est moi qui *(être)* le plus jeune de la famille. *(présent)*

10. Est-ce toi qui *(dire)* cela ? *(passé composé)*

Chapitre 14

Les auxiliaires et l'accord du participe passé

1.	Auxiliaire *être*
2. 3. 4.	Auxiliaire *avoir*
5.	Révision
6. 7.	Auxiliaire *être* ou auxiliaire *avoir* ?
8.	Imparfait ou participe passé ?

1. **Mettre le verbe au passé composé :**

1. Geneviève *(aller)* au Louvre.

2. Ils *(partir)* pour l'Allemagne.

3. Nous *(rester)* tout l'été à Paris.

4. Quand *(arriver)*-vous ?

5. Mon parrain *(venir)* dîner dimanche.

6. Après le film *L'Ange bleu,* Marlène Dietrich *(devenir)* très célèbre.

2. **Même exercice :**

1. Elle *(travailler)* jusqu'à minuit.

2. Le ministre de l'Éducation nationale et le ministre de la Culture *(participer)* à ce débat.

3. Nous *(ramasser)* des feuilles mortes.

4. Caroline et Marion *(repeindre)* leur chambre.

3. **Accorder le participe passé avec le complément d'objet direct si cela est nécessaire :**

1. Ces livres, je les ai déjà *(lu).*

2. Voici Claudine, je l'ai *(rencontré)* à Deauville.

3. Nous avons écouté avec attention le projet qu'il nous a *(exposé)*.

4. Mathilde et Julien, je vous ai *(aperçu)* à l'église dimanche.

5. Comment trouves-tu la robe que j'ai *(acheté)* ?

6. « As-tu des nouvelles de M. Lévy ?
— Oui, je l'ai justement *(appelé)* hier. »

7. Quelles fautes avez-vous *(fait)* dans cette dictée ?

8. Voilà les cassettes que j'ai *(enregistré)* pour toi.

9. Je cherchais des cartes postales anciennes ; j'en ai *(trouvé)* chez un bouquiniste.

10. Nous pensions avoir trop de petits fours pour nos invités ; mais nous n'en avions pas *(commandé)* assez.

*4. **Accorder le participe passé si cela est nécessaire :**

1. Ma valise était lourde ; je l'ai *(laissé)* à la consigne de la gare.

2. Voilà tes gants ; tu les avais *(laissé)* tomber.

3. Comment trouvez-vous ces coussins ? C'est moi qui les ai *(fait)*.

4. Les rideaux du salon étaient sales, je les ai *(fait)* nettoyer.

5. Quelle bonne tarte ! C'est toi qui l'as *(fait)* ?

6. Il a raconté une histoire qui nous a *(fait)* rire aux larmes.

7. J'ai dû jeter les haricots verts que j'avais *(laissé)* brûler.

8. C'était une très jolie photo : il l'a *(fait)* agrandir et encadrer.

5. **Accorder le participe passé si cela est nécessaire :**

1. Il faut attendre que la peinture ait *(séché)* avant d'accrocher les tableaux aux murs.

2. Le médecin a *(dit)* à sa malade : « Ces analyses sont nécessaires, revenez me voir quand vous les aurez *(fait)* faire. »

3. Les fleurs seraient *(mort)* si je ne les avais pas *(arrosé)*.

4. Ma mère est contente d'être *(allé)* voir le ballet *Giselle*.

5. Ils regrettent d'avoir *(acheté)* cette voiture qui tient mal la route.

6. Il y avait de très belles affiches à la librairie du musée ; j'en ai *(pris)* plusieurs.

6. **Mettre le verbe entre parenthèses au passé composé :**

1. Ma voiture *(tomber)* en panne à 10 kilomètres de Bordeaux ; c'est un garagiste très aimable qui *(venir)* me dépanner.

2. Notre fille *(naître)* le jour de Pâques ; c'est pourquoi nous la *(appeler)* Pascale.

3. Thomas *(grandir)* tellement que ses vêtements de l'an dernier *(devenir)* trop petits.

4. Élisabeth et sa sœur *(courir)* les magasins toute la journée ; elles *(mourir)* de fatigue.

5. Les cambrioleurs *(entrer)* chez moi par le balcon et ils me *(voler)* mes bijoux, ma chaîne stéréo et mon magnétoscope.

6. Stéphanie et Christophe *(aller)* en Chine cet été. Ils *(partir)* avec un groupe de jeunes. Ils *(prendre)* le Transsibérien et *(arriver)* à Pékin le 1ᵉʳ août. Là, des guides les *(emmener)* visiter les principaux sites touristiques et les *(conduire)* jusqu'à la Grande Muraille. Le groupe *(rester)* là-bas une bonne quinzaine de jours ; tous *(rentrer)* enchantés.

7. Même exercice :

1. A quelle heure *(rentrer)*-vous hier soir ?

2. Comme c'était la fin de l'été, nous *(rentrer)* les meubles de jardin.

3. Tous les passagers *(descendre)* de l'avion.

4. Je *(descendre)* l'escalier en courant pour répondre au téléphone.

5. La concierge *(monter)* le courrier à 9 heures.

6. Je *(monter)* à pied parce que l'ascenseur était bloqué entre deux étages.

7. Samedi soir, Marie-Agathe *(sortir)* avec Alexandre.

8. *(Sortir)*-tu les valises du coffre de la voiture ?

9. Il *(retourner)* voir ce film plusieurs fois.

10. Je *(retourner)* le disque pour écouter l'autre face.

11. *(Passer)*-vous de bonnes vacances ?

12. Nous avons pris le métro et nous *(passer)* par Denfert-Rochereau pour aller à Nation.

N.B. *Voir également les chapitres 15 et 16 sur les formes passive et pronominale.*

8. Compléter les phrases suivantes par l'imparfait ou le participe passé du verbe indiqué :

1. *(passer)* : Le temps ... sans apporter de changements à la situation.

2. *(passer)* : Les personnes âgées aiment parler du temps ....

3. *(cacher)* : Harpagon, l'avare de Molière, ... soigneusement son argent.

4. *(cacher)* : Le trésor est resté ... au fond du puits.

5. *(serrer)* : On apercevait le petit village avec ses maisons ... autour de la vieille église.

6. *(serrer)* : L'enfant ... une bille dans sa main.

7. *(tomber)* : Les fruits ... doivent être ramassés rapidement, sinon ils pourrissent.

8. *(tomber)* : L'homme courait, ..., puis se relevait l'air épuisé.

9. *(oublier)* : Cette actrice a terminé son existence ... de tous.

10. *(oublier)* : Quand elle lisait, elle ... le monde autour d'elle.

11. *(fermer)* : Le soir, il ... toujours la porte à double tour.

12. *(fermer)* : « Allongez-vous, les yeux ... », dit le professeur de yoga.

13. *(cultiver)* : Autrefois, on ... le blé un peu partout en France.

14. *(cultiver)* : La Beauce est une région de vastes terres ....

Chapitre 15

La forme passive

1. 2. 3.	Forme passive avec complément d'agent
4. 5.	Forme passive sans complément d'agent
6.	Complément d'agent introduit par la préposition *de*
7. 8. 9.	Révision

1. **Mettre les phrases suivantes à la forme passive :**

Exemple :
Pierre invite souvent Marie.
⟶ Marie est souvent invitée par Pierre.

1. Beaucoup de téléspectateurs regardent cette émission.

2. De nombreux téléspectateurs regardaient cette émission.

3. De nombreux téléspectateurs ont regardé cette émission.

4. Beaucoup de téléspectateurs avaient regardé cette émission.

5. De nombreux téléspectateurs regarderont cette émisison.

6. Un jeune réalisateur va tourner un film sur la Révolution française.

7. Un jeune réalisateur vient de tourner un film sur la Révolution française.

8. Les éditions Hachette vont publier ce roman.

9. Les éditions Hachette viennent de publier ce roman.

10. Les éditions Hachette ont publié tous les romans de cet écrivain.

2. **Mettre les phrases suivantes à la forme passive :**

1. La rivière en crue a inondé les caves des maisons.

2. Le docteur Chollet soigne mes enfants depuis leur naissance.

3.   Le chef d'orchestre Lorin Maazel dirigera la *Cinquième Symphonie* de Beethoven.

4.   Le brouillard recouvrait peu à peu la vallée.

5.   Une équipe de journalistes a réalisé un reportage sur la sécheresse en Afrique.

6.   La Sécurité sociale lui remboursera-t-elle ses frais d'hospitalisation ?

7.   Tes amis m'ont accueilli avec beaucoup de gentillesse.

8.   Qui va présenter le journal télévisé ce soir ?

3.   **Mettre les phrases suivantes à la forme active :**

1.   Les candidats à ce poste seront reçus par le directeur du Personnel.

2.   Nous avons été retardés par le mauvais temps.

3.   Une comète vient d'être observée par les astronomes.

4.   Selon Homère, la belle Hélène avait été enlevée par Pâris.

5.   Ce tableau aurait été peint par Georges de La Tour.

6.   J'ai été déçu par ce film.

7.   Cet été, elle est invitée au bord de la mer par une amie.

8.   Ils avaient été bouleversés par cette nouvelle.

4.   **Mettre les phrases suivantes à la forme passive :**

Exemple :
On recherche ce terroriste depuis plusieurs mois.
 ⟶   Ce terroriste est recherché depuis plusieurs mois.

1.   On attend des milliers de visiteurs au Salon de l'Automobile.

2.   On vient de cambrioler la maison des Lupin.

3.   On retransmettra ce concert en direct du Festival d'Aix-en-Provence.

4.   A-t-on réglé ce problème ?

5.   On guillotina Louis XVI sur l'actuelle place de la Concorde.

6.   On a découvert une des causes de cette allergie.

7.   Quand va-t-on ouvrir ce château au public ?

8.   Quand Galilée affirma que la terre était ronde, on le prit pour un fou.

5.   **Mettre les phrases suivantes à la forme active :**

1.   Dans cette école, les élèves de moins de dix-sept ans ne sont pas admis.

2.   Les tableaux volés ont-ils été retrouvés ?

3. Mon fils va être opéré de l'appendicite.

4. Il faudrait que l'hôpital soit agrandi.

5. Ce roman vient d'être traduit en français.

6. Le pont Neuf fut construit sous Henri IV.

6. **Composer des phrases à la forme passive en utilisant les éléments donnés :**

Exemple :
Être couvert(es) de feuilles mortes.
➞ Le sol était couvert de feuilles mortes.

1. Être bordé(es) d'arbres.

2. Être rempli(es) de vieux papiers.

3. Être équipé(es) d'un système d'alarme.

4. Être entouré(es) d'une grille en fer forgé.

5. Être suivi(es) de la préposition « de ».

6. Être accompagné(es) d'une mayonnaise.

7. Être décoré(es) de fresques du XVe siècle.

8. Être composé(es) de trois parties.

7. **Imiter le modèle suivant :**

Qui a écrit Le Petit Prince ?
➞ *C'est Antoine de Saint-Exupéry qui a écrit* Le Petit Prince.
Le Petit Prince *a été écrit par Antoine de Saint-Exupéry.*

1. Qui a découvert le radium ?

2. Qui a peint le tableau *Impression, soleil levant* ?

3. Qui a sculpté *Les Bourgeois de Calais* ?

4. Qui gouvernait votre pays l'année dernière ?

5. Qui vous a raconté cette histoire ?

6. Qui porte le kimono ?

*8. **Composer des phrases avec les éléments donnés (varier les temps) :**

Exemple :
Les enfants / décorer / arbre de Noël
➞ Les enfants ont décoré l'arbre de Noël.
L'arbre de Noël a été décoré par les enfants.

1. *Le Père Goriot* / Balzac / écrire / en 1834

2. Le soir du 14 juillet / un feu d'artifice / tirer

3. Samedi prochain / livrer / votre canapé

4. Hier / un avion / des terroristes / détourner

5. Le retour des astronautes / la NASA / vers 13 heures / prévoir

6. La nuit dernière / abattre / un grand sapin / le vent

7. En 1889 / construire / Gustave Eiffel / la tour Eiffel

8. Bientôt / installer / dans cet immeuble / un interphone

*9. **Mettre les phrases suivantes à la forme passive si cela est possible :**

1. On a tissé la tapisserie de *la Dame à la licorne* à la fin du XVe siècle.

2. Ce film a beaucoup plu aux enfants.

3. On lui a dit de revenir la semaine prochaine.

4. Le directeur lui a proposé un poste à l'étranger.

5. Cette commode a appartenu à la reine Marie-Antoinette.

6. François Ier a succédé à Louis XII.

7. Mes parents me téléphoneront ce soir.

8. Cette histoire a fait rire les enfants.

9. De vieux meubles encombraient le grenier.

10. On les a avertis du danger de se baigner dans cette rivière.

Chapitre 16

La forme pronominale

```
1. 2. 3.  Emploi de la forme pronominale
4. 5.     Accord des verbes pronominaux
```

1. **Compléter les phrases suivantes par la forme verbale convenable :**

A/ 1. *Perdre / se perdre*
Hier, je ... mes gants.
La première fois que j'ai pris le métro à Londres, je ....

2. *Ennuyer / s'ennuyer*
Personne ne dansait, il n'y avait aucune ambiance, on ... toute la soirée.
Jean n'aime pas les mathématiques ; ça le ....

3. *Cacher / se cacher*
Les enfants adorent ....
L'écureuil ... ses provisions pour l'hiver dans le creux d'un arbre.

4. *Demander / se demander*
Je suis en retard ; je ... si je ne ferais pas mieux de prendre un taxi.
... ce renseignement au guichet 5 !

B/ 1. *Sentir / se sentir*
Ouvrez les fenêtres ! ça ... le tabac.
J'ai la tête qui tourne ; je ne ... pas très bien.

2. *Trouver / se trouver*
Le Havre ... à l'embouchure de la Seine.
On ... beaucoup de champignons dans cette forêt.

3. *Mettre / se mettre*
Il est 9 heures ; c'est l'heure de ... au travail.
Il est midi ; c'est l'heure de ... la table.

4. *Apercevoir / s'apercevoir*
Quand le temps est clair, on . . . la chaîne des Pyrénées.
En enlevant son manteau, il . . . qu'il avait mis son chandail à l'envers.

5. *Rendre / se rendre*
Pour . . . à Lille, il vaut mieux prendre l'autoroute du Nord.
Prête-moi 1 000 francs, je te les . . . à la fin du mois.

6. *Passer / se passer*
La route nationale 10 . . . par Chartres, Poitiers et Bordeaux.
Cette histoire . . . dans un petit village perdu des Causses.

2. **Compléter les phrases suivantes par le verbe pronominal ou par le verbe être + participe passé :**

1. *Se coucher / être couché*
— Nous . . . déjà . . . quand Stéphanie est rentrée.
— Nous . . . généralement vers 11 heures.

2. *S'asseoir / être assis*
— . . . à côté de moi !
— Jennifer . . . sur le canapé et regardait la télévision.

3. *Se lever / être levé*
— Demain, le soleil . . . à 6 h 15.
— Je suis fatigué ; je . . . depuis 5 heures du matin.

4. *Se marier / être marié*
— « Êtes-vous célibataire ?
— Non, je . . . et j'ai trois enfants. »
— Ils ont décidé de . . . l'été prochain.

5. *S'abîmer / être abîmé*
— Ces fruits . . . trop . . . ; il faut les jeter.
— Les fraises sont des fruits qui . . . très vite.

6. *S'occuper / être occupé*
— Le directeur . . . ; il ne peut pas vous recevoir maintenant.
— Allez voir cette personne : c'est elle qui . . . des cartes de crédit.

7. *S'arrêter / être arrêté*
— La pendule . . . depuis plusieurs jours ; je ne sais pas la remonter.
— Ce TGV (train à grande vitesse) ne . . . pas entre Paris et Lyon.

3. **Transformer les phrases suivantes selon le modèle donné :**

On parle l'anglais *dans beaucoup de pays.*
⟶ ***L'anglais se parle*** *dans beaucoup de pays.*

1. On écrit l'arabe de droite à gauche.

2. On prononce le « s » final du mot « sens ».

3. On joue *Le Mariage de Figaro* de Beaumarchais à la Comédie-Française.

4. On boit le champagne très frais mais pas glacé.

5. On ne dit pas « visiter quelqu'un ».

6. On prend ce médicament avant les repas.

7. On vend les timbres à la poste et dans les bureaux de tabac.

8. On utilise beaucoup le mot « alors ».

9. On porte cette robe avec ou sans ceinture.

10. On peut pratiquer la natation en toute saison.

*4. **Faire l'accord du participe passé si cela est nécessaire :**

A/ 1. Marianne a *(promené)* son chien au bois de Boulogne.

2. Marianne s'est *(promené)* le long de la mer.

3. L'infirmière a *(soigné)* le malade de la chambre 23.

4. Elle avait une angine ; elle s'est *(soigné)* à l'homéopathie.

5. Elle a *(inscrit)* ses enfants dans une école bilingue.

6. Nous nous sommes *(inscrit)* à un cours de yoga.

B/ 1. J'ai *(coupé)* le rôti en tranches fines.

2. Amélie s'est *(coupé)* en épluchant des carottes.

3. Amélie s'est *(coupé)* le doigt en ouvrant une boîte de conserve.

4. Il avait *(mis)* ses pantoufles en rentrant.

5. La chatte s'était *(mis)* au soleil derrière la vitre.

6. Joséphine s'était *(mis)* un ruban rose dans les cheveux.

7. J'ai *(lavé)* mon chandail à l'eau tiède.

8. Les campeurs se sont *(lavé)* dans l'eau du torrent.

9. Est-ce que les enfants se sont *(lavé)* les mains avant de goûter ?

C/ 1. Nous avons *(demandé)* où était l'office du Tourisme.

2. En entendant du bruit, elle s'est *(demandé)* ce qui se passait.

3. Marguerite avait *(dit)* qu'elle passerait à la maison dans la soirée.

4. En lisant les critiques, elle s'est *(dit)* qu'elle n'irait pas voir ce film.

D/ 1. Étant fâchés, Pierre et Paul ne se sont pas *(parlé)* pendant plusieurs mois.

2. Ils ne s'étaient pas *(vu)* pendant des années et ils se sont *(retrouvé)* avec grand plaisir.

3. Pendant les vacances, nous ne nous sommes pas *(écrit)* mais nous nous sommes *(téléphoné)* assez souvent.

*5. **Même exercice :**

A. 1. Cette toile de Picasso s'est *(vendu)* une fortune.

2. Les robes à crinoline se sont *(porté)* pendant le Second Empire.

3. Les pommes de terre se sont *(cultivé)* en France à partir de la fin du XVIIIe siècle.

4. Il y avait du vent ; la fenêtre s'est *(ouvert)* violemment.

B/ 1. Mes voisins se sont *(absenté)* pour quelques jours.

2. Il faisait tellement chaud dans la salle qu'elle s'est *(évanoui)*.

3. Mes amis se sont *(moqué)* de moi quand je leur ai dit que je ne savais pas nager.

4. Ils se sont *(aperçu)* qu'ils avaient oublié de fermer la lucarne du grenier.

5. La semaine dernière, elle s'est *(plaint)* plusieurs fois de migraines.

6. Elle s'est *(souvenu)* tout à coup qu'elle avait un rendez-vous avec Jacques à 19 heures.

Chapitre 17

L'emploi des temps de l'indicatif

1. 2.	Le présent		12. 13.	L'imparfait
3. à 7.	Les temps du futur		14. 15.	Le passé simple
	Les temps du passé :		16. 17.	Le plus-que-parfait
8. 9. 10.	Le passé composé		18.	Le passé antérieur
11.	Le passé récent		19. à 26.	L'emploi des temps du passé

1.

A/ **Indiquer la valeur de chaque présent en inscrivant les lettres correspondantes dans les cases :**

A - Présent actuel
B - Habitude
C - Vérité générale
D - Valeur de futur proche
E - Analyse

1. 　A　 Nous **sommes** le 15 septembre.

2. 　　　 A la campagne, les gens **se couchent** et **se lèvent** tôt.

3. 　　　 La terre **tourne** sur elle-même et autour du soleil.

4. 　　　 Elle **passe** son baccalauréat la semaine prochaine.

5. 　　　 Il **neige** depuis trois jours.

6. 　　　 Dans *L'Étranger*, Camus **présente** un homme qui **se sent** étranger à lui-même et aux autres.

7. 　　　 L'argent ne **fait** pas le bonheur.

8. 　　　 Les Français **prennent** trois repas par jour.

9. 　　　 Je **reviens** tout de suite.

10. 　　　 Dans *Les Temps modernes*, Charlie Chaplin **montre** les conséquences de la mécanisation sur la vie humaine.

N.B. S'il **fait** beau, nous ferons un pique-nique : *voir le chapitre 28 sur l'expression de la condition.*

B/   **Composer une phrase illustrant chaque valeur du présent.**

2.   **Exprimer la durée en employant le présent, puis l'expression *être en train de* + *infinitif* :**

Exemple :
Que fait Virginie ? *(préparer le dîner)*
⟶ | Elle **prépare** le dîner.
| Elle **est en train de préparer** le dîner.

1.   Que fait Laurent ? *(réparer son vélo)*

2.   Que font les enfants ? *(s'habiller)*

3.   Que fait le jardinier ? *(tailler la haie)*

4.   Que fais-tu ? *(classer des photos)*

3.   **Indiquer la valeur de chaque futur en inscrivant les lettres correspondantes dans les cases :**

A - Antériorité
B - Futur proche
C - Événement accompli
D - Événement à venir
E - Valeur d'impératif

1.   ☐   Le ciel est gris ; il **va neiger**.

2.   ☐   Le prochain lancement de la fusée Ariane **aura** lieu en février.

3.   ☐   Dans un an, il **aura terminé** ses études de médecine.

4.   ☐   Vous **ferez** cet exercice pour demain.

5.   ☐   Quand elle **aura pris** sa douche, Brigitte s'habillera.

6.   ☐   Nous **irons** en Suisse l'été prochain.

4.   **Mettre le verbe entre parenthèses au futur simple ou au futur proche selon le sens :**

Exemple :
Nous *(changer)* de voiture l'année prochaine.
⟶   Nous **changerons** de voiture l'année prochaine.

Nous *(changer)* de voiture dans quinze jours.
⟶   Nous **allons changer** de voiture dans quinze jours.

1.   — Il est midi ; le train ne *(partir)* qu'à 14 heures.

— Il est midi ; le train *(partir)* dans quelques minutes.

2.   — Mon filleul *(avoir)* sept ans dans six mois.

— Mon filleul *(avoir)* sept ans à la fin du mois.

3. — Après la dictée, nous *(faire)* l'exercice n° 12.

    — Nous *(faire)* un résumé de lecture lundi prochain.

5. **Mettre le verbe entre parenthèses au futur antérieur :**

1. Quand vous *(planter)* ces fleurs, vous les arroserez tous les jours.

2. Dès que tu *(lire)* cet article, passe-moi le journal !

3. Les travaux pourront commencer après que l'architecte *(modifier)* ses plans.

4. Lorsqu'il *(terminer)* son roman, ce jeune écrivain le proposera à plusieurs maisons d'édition.

5. Une fois qu'on *(vider)* la piscine, on pourra la nettoyer.

N.B. *Voir également le chapitre 26 sur l'expression du temps.*

*6. **Mettre le verbe entre parenthèses au futur simple ou au futur antérieur selon le sens :**

1. — Pendant ce semestre, nous *(étudier)* les principaux verbes irréguliers.

    — A la fin du semestre, nous *(étudier)* les principaux verbes irréguliers.

2. — La secrétaire *(taper)* le courrier demain matin.

    — La secrétaire *(finir)* de taper le courrier avant midi.

3. — Les ouvriers *(commencer)* à repeindre la pièce dans quelques jours.

    — Il ne reste plus que la porte à peindre ; les ouvriers *(terminer)* à six heures ce soir.

4. — Nous *(arriver)* à Marseille vers vingt heures.

    — Nous *(arriver)* à Marseille avant vingt heures.

5. — J'espère qu'il *(recevoir)* ma lettre bientôt.

    — J'espère qu'il *(recevoir)* ma lettre avant la fin de la semaine.

7. **Composer des phrases au futur selon les indications données :**

1. *Futur proche :* passer l'aspirateur après le déjeuner.

2. *Événement à venir :* dimanche soir recevoir des amis à dîner.

3. *Valeur d'impératif :* éteindre la lumière en partant.

4. *Antériorité :* terminer ses devoirs, regarder un dessin animé.

5. *Événement accompli :* rentrer certainement à la maison avant la nuit.

8. Indiquer la valeur de chaque passé composé en inscrivant les lettres correspondantes dans les cases :

> A - Événement accompli
> B - Succession d'événements
> C - Durée limitée
> D - Antériorité par rapport au présent

1. ☐ Guillaume **est né** en 1983.
2. ☐ Les Châtelain **ont vécu** à Rome pendant cinq ans.
3. ☐ J'**ai visité** trois fois le musée d'Orsay.
4. ☐ Ils **ont acheté** un ordinateur et ils l'utilisent beaucoup.
5. ☐ Le bébé **s'est réveillé**, il a **pleuré** un peu, puis il **s'est rendormi** aussitôt.

9. Construire des phrases au passé composé en utilisant les éléments donnés :

Michel et ses amis sont en vacances au Maroc. Avant de partir qu'ont-ils fait ?

— se réunir pour faire des plans.

— consulter des cartes et des guides.

— établir un itinéraire.

— louer un petit car pour dix personnes.

— faire une liste de tout le matériel de camping nécessaire.

— choisir la date du départ.

10. Composer des phrases au passé composé selon les indications données :

1. *Événement accompli :* se marier en 1981.
2. *Antériorité :* avoir un accident la semaine dernière et être encore à l'hôpital.
3. *Durée limitée :* être absent du 1er au 15 août.
4. *Succession d'événements :* demander l'addition puis payer.

11. Mettre le verbe entre parenthèses au passé composé ou au passé récent selon le sens :

Exemple :

Il *(sortir)* de l'hôpital et il est encore très fatigué.
⟶ Il **vient de sortir** de l'hôpital et il est encore très fatigué.

Il *(sortir)* de l'hôpital il y a quinze jours et il va très bien.
⟶ Il **est sorti** de l'hôpital il y a quinze jours et il va très bien.

1. — Il *(pleuvoir)* hier toute la journée.

   — Il *(pleuvoir)* ; tout est encore mouillé.

2. — Ce film *(sortir)* l'année dernière.

   — Allez voir le dernier film de Kurosawa qui *(sortir)* !

3. — Je n'ai pas faim ; je *(déjeuner).*

   — Je meurs de faim ; je ne *(déjeuner)* pas encore.

12. **Indiquer la valeur de chaque imparfait en inscrivant la lettre correspondante dans les cases :**

> A - Habitude
> B - Simultanéité
> C - Description

1. ☐ Le dimanche, nous **passions** l'après-midi chez ma grand-mère.

2. ☐ Le vent **soufflait**, les vagues **étaient** énormes.

3. ☐ Le chat est sorti pendant que je **bavardais** avec une voisine sur le pas de la porte.

4. ☐ Quand je suis arrivé chez eux, ils **étaient en train de dîner.**

N.B. S'il **faisait** beau, nous ferions un pique-nique : *voir le chapitre 28 sur l'expression de la condition.*

13. **Composer des phrases à l'imparfait selon les indications données :**

1. *Habitude :* tous les mercredis, aller à la piscine.

2. *Description :* neiger, être blanc.

3. *Simultanéité :* (être en train de dormir) quand le téléphone a sonné.

4. *Simultanéité :* il a téléphoné pendant que (être) sous la douche.

14. **Indiquer la valeur de chaque passé simple en inscrivant la lettre correspondante dans les cases :**

> A - Événement accompli
> B - Durée limitée
> C - Succession d'événements

1. ☐ Jules César **conquit** la Gaule au premier siècle avant Jésus-Christ.

2. ☐ La construction de la cathédrale de Reims **dura** presque un siècle.

3. ☐ Le commissaire de police **interrogea** plusieurs fois le témoin du crime.

4. ☐ Rieux **se retourna** brusquement vers lui et **ouvrit** la bouche pour parler, mais il **se tut.** *(Camus)*

15. **Raconter la vie de Molière en employant des verbes au passé simple :**

Vie de Jean-Baptiste Poquelin, dit Molière

Exemple :
Naissance à Paris en 1622.
⟶   Molière **naquit** à Paris en 1622.

— Études de droit à Orléans.

— Création de « L'Illustre Théâtre » en 1643.

— Voyage dans toute la France avec sa troupe de 1643 à 1658.

— Retour à Paris et installation au théâtre du Palais-Royal en 1661.

— Représentations de nombreuses comédies à Paris et à Versailles (*Le Tartuffe, Dom Juan, L'Avare*, etc.)

— 1673 : mort de Molière sur la scène, au cours de la quatrième représentation du *Malade imaginaire.*

16. **Mettre le verbe entre parenthèses au plus-que-parfait :**

1.   Vous nous *(commander)* ce tissu il y a un mois ; nous l'avons enfin reçu.

2.   Il m'a dit qu'il ne *(lire)* jamais aucun livre de Sigmund Freud.

3.   Sa mère *(apprendre)* le français dans sa jeunesse et elle le parlait encore très bien.

4.   Il était très déprimé depuis qu'il *(perdre)* sa femme.

5.   Le candidat à la présidence fut réélu ; les sondages le *(prévoir)*.

N.B. S'il **avait fait** beau, nous aurions fait un pique-nique : *voir le chapitre sur l'expression de la condition.*

17. **Construire des phrases au plus-que-parfait en utilisant les éléments donnés :**

Michel et ses amis sont allés en vacances au Maroc. Avant de partir qu'avaient-ils fait ?

— se réunir pour faire des plans.

— consulter des cartes et des guides.

— établir un itinéraire.

— louer un petit car pour dix personnes.

— faire une liste de tout le matériel de camping nécessaire.

— choisir la date du départ.

*18. **Mettre le verbe entre parenthèses au passé antérieur :**

1.   Le train démarra dès que le chef de gare *(donner)* le signal du départ.

2. Quand Christophe Colomb *(recevoir)* l'accord de la reine Isabelle de Castille, il s'embarqua dans l'espoir de trouver par l'ouest la route des Indes.

3. Une fois qu'on *(ouvrir)* le canal de Suez, la distance entre l'Europe et l'Asie fut considérablement réduite.

4. Dès que les musiciens *(jouer)* les dernières notes, un tonnerre d'applaudissements éclata dans la salle.

19. **Mettre le verbe entre parenthèses au passé composé ou à l'imparfait selon le sens :**

A/
1. Cet été, nous *(repeindre)* tous les volets de la maison ; ils *(être)* en mauvais état.

2. Hier, le garagiste *(vérifier)* la pression de mes pneus ; ils ne *(être)* pas assez gonflés.

3. L'été dernier, à Londres, je *(voir)* beaucoup de *punks* qui *(avoir)* les cheveux verts ou rouges.

4. L'histoire de Boucle d'or et des Trois Ours, je la *(lire)* au moins vingt fois à mes enfants.

5. Mes enfants *(écouter)* toujours cette histoire avec plaisir quand ils *(être)* petits.

6. La dernière fois qu'il *(passer)* à Lyon pour son travail, il *(téléphoner)* à son vieil ami Antoine.

7. Chaque fois qu'il *(venir)* à Paris, il nous *(téléphoner)*.

8. Le tremblement de terre ne *(durer)* que quelques secondes ; beaucoup de gens *(se rendre)* à leur travail quand il *(se produire)*.

9. Quand je me *(réveiller)*, il *(être)* neuf heures.

*B/
1. Ma sœur *(habiter)* le même quartier que moi, mais elle *(déménager)* il y a six mois.

2. Nous *(rouler)* depuis plus de six heures quand un violent orage *(éclater)*.

3. Nous *(rouler)* plus de six heures sans nous arrêter ; ce *(être)* un peu fatigant.

4. Elle *(rêver)* longtemps de devenir comédienne, mais elle *(devoir)* abandonner cette idée.

5. Quand elle était jeune, elle *(adorer)* le théâtre ; elle *(rêver)* de devenir comédienne.

6. Appeler s'écrit avec deux « p ». Je *(croire)* qu'il n'y en *(avoir)* qu'un.

7. On *(entendre)* un coup de frein brutal ; je *(croire)* que ce *(être)* un accident.

20. **Rédiger un récit au passé en utilisant les éléments suivants :**

— dimanche dernier

— faire beau

— aller au Marché aux Puces

— beaucoup de monde

— se promener

— regarder les étalages des brocanteurs

— voir toutes sortes de bibelots

— hésiter longtemps

— se décider à acheter une petite lampe

21. **Récrire les phrases suivantes en faisant les changements nécessaires pour le(s) verbe(s) en caractères gras :**

Exemple :
Je pense qu'il **rentrera** dans son pays quand il **aura passé** ses examens.
  ⟶   Je pensais qu'il **rentrerait** dans son pays quand il **aurait passé** ses examens.

1.   Il est vingt heures ; le spectacle **va** commencer.
       ⟶   Il était ....

2.   Le porte-parole du gouvernement annonce que le Premier ministre se **rendra** en visite officielle en R.F.A.
       ⟶   Le porte-parole a annoncé ....

3.   Je crois que tu **vas** changer d'avis.
       ⟶   Je croyais ....

4.   Christophe m'écrit qu'il m'**enverra** les photos dès qu'il les **aura fait** développer.
       ⟶   Christophe m'a écrit que ....

5.   La secrétaire m'explique que je **recevrai** ma carte quand j'**aurai payé** ma cotisation.
       ⟶   La secrétaire m'a expliqué que ....

22. **Même exercice :**

Exemple :
Il feuillette le livre qu'on **vient** de lui offrir.
  ⟶   Il feuilletait le livre qu'on **venait** de lui offrir.

1.   Tout le monde parle du musée Picasso qu'on **vient** d'inaugurer.
       ⟶   Tout le monde parlait ....

2.   Maxime est en pleine forme ; il **vient** de passer un mois au bord de la mer.
       ⟶   Maxime était en pleine forme ....

3.   Le marchand de vin nous annonce que le beaujolais nouveau **vient** d'arriver.
       ⟶   Le marchand de vin nous a annoncé que ....

23. **Transposer les phrases suivantes au passé :**

1.   Comme Jean s'est trompé de code postal, la lettre qu'il a envoyée à son ami lui revient.

2.   En nous promenant dans le parc national de la Vanoise, nous découvrons la flore et la faune de cette région que nous ne connaissons pas.

3.   Elle décide qu'elle poursuivra ses études à l'université de Toulouse jusqu'au doctorat.

4.   Je ne tiens pas debout parce que j'ai passé une nuit blanche ; mon fils a les oreillons.

5.   A cause d'un incident technique sur la ligne B du RER, il faut que je prenne un taxi.

6.   Ma grand-mère me téléphone qu'elle ne se sent pas très bien et qu'elle aimerait que je vienne lui tenir compagnie un moment.

7. Le stade est plein à craquer ; le match Bordeaux-Nantes va commencer.

8. Elle est très contente : elle vient d'être engagée comme mannequin chez Chanel.

*24. **Mettre le verbe entre parenthèses au temps du passé qui convient :**

1. Je *(essayer)* de t'appeler plusieurs fois ce matin, mais ou bien ça ne *(répondre)* pas, ou bien ce *(être)* occupé. Qu'est-ce que tu *(faire)* ?

2. Le professeur a promis qu'il nous *(montrer)* des diapositives sur les châteaux de la Loire.

3. On a annoncé que les prix de plusieurs produits de consommation courante *(rester)* stables l'année dernière.

4. Au XVIIe siècle, il *(falloir)* cinq ou six jours pour aller de Paris à Lyon en diligence.

5. Hier, au village, il y *(avoir)* un bal. Tout le monde *(danser)*, les jeunes, les vieux et même les enfants.

6. Tu as de la chance de me trouver à la maison ! Je *(aller)* partir.

7. Ils étaient très inquiets, ils *(venir)* d'apprendre que leur fille *(se droguer)*.

8. Le notaire espérait que son fils *(prendre)* sa succession quand il *(finir)* ses études.

25. **Mettre les textes suivants au passé :**

A/ Il **est** neuf heures du matin ; c'**est** l'hiver. Une fois de plus Pauline **va** arriver en retard au lycée parce qu'elle **s'est couchée** tard et que son réveil n'**a** pas **sonné**. Elle **s'habille** vite, **avale** une tasse de café et **prend** son gros manteau car elle **sait** qu'il **fera** froid dehors. Au moment où elle **entre** dans la station de métro, elle **s'aperçoit** qu'elle **a oublié** sa carte orange. Elle **vient** d'acheter un ticket quand elle **tombe** sur une camarade de classe qui **remonte** l'escalier du métro. Celle-ci lui **annonce** que le cours n'**aura** pas lieu parce que le professeur **est** malade.

B/ **Aujourd'hui**, alors qu'Élisabeth **fait** des courses aux magasins du Printemps, elle **rencontre** son amie Jeanne qui **est** de passage à Paris. **Hier**, Jeanne n'**a** pas **réussi** à la joindre au téléphone pour la prévenir de son arrivée. Comme elles ne **sont** pas pressées, elles **vont** prendre un café. En quittant Élisabeth, Jeanne lui **promet** qu'elle lui **fera** signe la prochaine fois qu'elle **reviendra** à Paris.

C/ C'**est** le 1er août et cette année nous avons décidé de passer nos vacances en Espagne. Nous avons réservé deux places sur le vol Paris-Barcelone et l'avion doit décoller à 10 heures. Nous arrivons à Orly à 9 heures et nous nous présentons à l'enregistrement des bagages. Il y a déjà beaucoup de voyageurs qui font la queue. Heureusement, nous n'avons que trois valises et un employé les enregistre rapidement.

Ensuite, nous passons la douane ; les douaniers nous demandent si nous avons quelque chose à déclarer, puis ils fouillent nos bagages à main. Nous regardons quelques vitrines et j'achète une revue pendant que mon mari boit un café. Puis nous nous asseyons dans la salle d'embarquement et nous attendons. Il est 10 heures moins 10 quand on annonce que notre vol aura vingt minutes de retard.

Enfin, les passagers de notre vol sont invités à se présenter à l'embarquement. Une hôtesse remet à chacun de nous sa carte et nous prenons place dans l'avion. A 10 heures et demie, enfin nous décollons.

D/   Ce matin, je téléphone à Catherine car nous devons aller au théâtre ensemble. Sa mère me répond et m'annonce que Catherine vient d'être transportée d'urgence à l'hôpital ; juste après le petit déjeuner, elle s'est sentie mal et ses parents ont appelé le médecin qui a diagnostiqué une crise d'appendicite. Alors, je dis à sa mère que je suis désolé(e) et que j'espère que tout ira bien. J'ajoute que je rendrai visite à Catherine demain après-midi.

E/   Ce matin, Mme Langlois, professeur au lycée Pasteur, est partie de chez elle un peu plus tard que d'habitude, mais elle pense qu'en se dépêchant, elle arrivera à l'heure pour son cours. Heureusement, on circule bien dans la ville. Plusieurs feux rouges l'obligent cependant à s'arrêter et lui font perdre du temps.

A un carrefour, alors qu'elle va tourner à gauche, le feu passe du vert à l'orange sans que Mme Langlois s'arrête. Un coup de sifflet la rappelle à l'ordre. Elle comprend immédiatement et s'arrête, un peu inquiète. Un agent de police s'avance, la salue poliment et lui demande ses papiers qu'il examine avec la plus grande attention. Puis il fait le tour de la voiture, vérifie que le numéro d'immatriculation correspond à celui des papiers et revient vers Mme Langlois. Alors, d'un air impassible, il lui demande quelle est sa profession. « Je suis professeur » répond-elle et, d'une voix timide, elle reconnaît qu'elle vient de faire une imprudence. « Eh bien, madame, reprend l'agent, vous me copierez cent fois : « Je dois respecter les feux de signalisation. »

*F/ **Employer le passé simple :**

Aujourd'hui, c'est l'ouverture de la chasse. Malgré le temps pluvieux, Guy Leterrier se sent de belle humeur. Son chien Fox court de tous côtés. Arrivé à la forêt, Guy s'enfonce sans bruit dans un petit chemin le long de l'étang. Les feuilles tombent une à une : c'est déjà l'automne. Soudain, un canard sauvage surgit de derrière les roseaux. Guy épaule son fusil, tire. L'oiseau continue son vol dans un grand bruit d'ailes. Guy l'a manqué !

26. **Mettre les textes suivants au passé :**

A/ **Employer le passé composé :**

Ce matin, j'ai de la peine à me réveiller et il faut que Marie m'appelle et me secoue. Nous ne mangeons pas parce que nous voulons nous baigner tôt. Je me sens tout à fait vide et j'ai un peu mal à la tête. Ma cigarette a un goût amer. Marie se moque de moi parce qu'elle dit que j'ai « une tête d'enterrement ». Elle a mis une robe de toile blanche et lâché ses cheveux. Je lui dis qu'elle est belle, elle rit de plaisir.

En descendant, nous frappons à la porte de Raymond. Il nous répond qu'il descend. Dans la rue, à cause de ma fatigue et aussi parce que nous n'avons pas ouvert les persiennes, le jour, déjà tout plein de soleil, me frappe comme une gifle.

D'après A. Camus, *L'Étranger*, © Gallimard.

*B/   Employer le passé composé :

Nous *(passer)* devant la véranda. Le lustre *(être allumé)* dans le salon où la propriétaire me *(recevoir)* quand je *(louer)* la chambre pour un mois. Nous *(faire)* le tour du pavillon. Je *(ouvrir)* la porte de derrière et nous *(monter)* l'escalier de service. La chambre *(être)* au premier étage, au fond d'un couloir.

Sylvia *(s'asseoir)* sur le vieux fauteuil de cuir. Elle ne *(ôter)* pas son manteau. Elle *(regarder)* autour d'elle comme si elle *(vouloir)* s'habituer au décor. Les deux fenêtres qui *(donner)* sur le jardin *(être protégé)* par des rideaux noirs. Un papier peint aux motifs roses *(recouvrir)* les murs. Je *(être assis)* sur le rebord du lit. Je *(attendre)* qu'elle *(parler)*.

D'après P. Modiano, *Dimanches d'août*, © Gallimard.

*C/   Employer le passé simple :

Le lendemain, la chaleur *(être)* toujours là, égale à elle-même.

Il ne *(tomber)* pas une goutte d'eau dans la nuit. Sara *(se réveiller)* encore une fois la première, encore une fois vers dix heures. Elle *(trouver)* l'enfant assis au même endroit que la veille ; il *(contempler)* le jardin déjà écrasé de soleil.

« Je regarde passer les lézards », *(dire)*-il.

Les fesses nues sur les dalles, vêtu seulement d'une petite chemise, il *(fixer)* les broussailles d'où, *(croire)*-il, *(sortir)* les lézards. Elle le *(laisser)* là et elle *(aller)* dans la cuisine. La bonne, prévoyante, *(faire)* le café le soir. Sara ne *(prendre)* pas le temps de le faire chauffer. Elle le *(boire)* froid, d'un seul trait, puis elle *(allumer)* une cigarette et elle *(retourner)* s'asseoir sur les marches de la véranda, près de l'enfant.

D'après Marguerite Duras, *Les Petits Chevaux de Tarquinia*, © Gallimard.

D/   Employer le passé simple :

(Un jeune homme, Adam, se promène dans une ville.)

En ville, Adam trouve qu'il fait presque froid. Il ne sait pas trop où aller ; il ne sait pas s'il aime la pluie ou non. Il arrive dans une espèce de grand magasin. A cause de la pluie, il y a trois fois plus de monde que d'ordinaire. Adam se faufile entre les rayons, en se disant qu'il ne restera pas là très longtemps.

Puis il se trouve bloqué par une grosse femme qui regarde des chaussettes. Adam regarde aussi et voit qu'il y en a de toutes les tailles. Le bleu domine, sauf pour les chaussettes d'enfants, où c'est le blanc. La grosse femme s'intéresse principalement à cette catégorie.

D'après J.-M. Le Clézio, *Le Procès-Verbal*, © Gallimard.

E/ **Employer le passé simple :**

(Un détective surveille un appartement.)

L'après-midi passe, monotone. M. Scholmes se dispose à partir quand un craquement se fait entendre, et, en même temps, il a la sensation qu'il y a quelqu'un dans la pièce. Et soudain il tremble : une ombre sort de la demi-obscurité, tout près de lui, sur le balcon. Est-ce possible ? Depuis combien de temps ce personnage invisible lui tient-il compagnie ?

D'après M. Leblanc, *Arsène Lupin contre Herlock Scholmes.*

*F/ **Employer le passé simple :**

Comme la nuit de janvier *(être)* humide, Laurent *(relever)* d'abord le col de son pardessus, puis il *(venir)* s'abriter dans l'encoignure d'une porte. Il *(apercevoir),* de l'autre côté de la rue, la maison qu'il *(venir)* de quitter. Laurent *(savoir)* que Cécile *(aller)* sortir et que l'attente ne *(pouvoir)* être longue. Une seconde, il *(penser)* que ce qu'il *(faire)* là ne *(être)* sans doute pas d'une discrétion exemplaire ; puis il *(hausser)* les épaules et *(se remettre)* à guetter.

Quelques minutes plus tard, Laurent *(voir)* la porte s'ouvrir et Cécile *(paraître)* dans la clarté du trottoir. Elle *(avoir)* un long manteau noir que Laurent *(connaître)* bien. Un chapeau large de bords et une grosse voilette *(dissimuler)* ses traits.

D'après Georges Duhamel, *Cécile parmi nous,* © Mercure de France.

Chapitre 18

L'emploi de l'indicatif et du subjonctif dans les propositions complétives

1. 2.	Verbes construits avec l'indicatif	7.	Expression de l'opinion + subjonctif
3. 4.	Verbes construits avec le subjonctif	8. 9.	Révision 1
5.	Adjectifs construits avec l'indicatif et le subjonctif	10. 11.	Subordonnée ou infinitif
		12. 13.	Révision 2
6.	Tournures impersonnelles construites avec l'indicatif et le subjonctif	14. 15.	Exercices de substitution

1. **Mettre le verbe entre parenthèses au mode et au temps convenables :**

1. Je crois qu'elle *(avoir)* raison.

2. Je croyais qu'elle *(avoir)* raison.

3. Je pense qu'il *(être)* un peu tard pour téléphoner à ta grand-mère.

4. Je pensais qu'il *(être)* un peu tard pour téléphoner à ta grand-mère.

5. Geneviève affirme qu'elle ne *(recevoir)* pas votre lettre.

6. Geneviève a affirmé qu'elle ne *(recevoir)* pas votre lettre.

7. Le professeur dit qu'il *(rendre)* les copies dans huit jours.

8. Le professeur a dit qu'il *(rendre)* les copies dans huit jours.

2. **Même exercice :**

1. Tout le monde sait que la Terre *(tourner)* autour du Soleil.

2. Nous trouvons tous que cette coiffure te *(aller)* très bien.

3. Je vous assure que ce plat *(résister)* à la chaleur.

4. Je m'aperçois que je ne *(envoyer)* pas encore mes vœux de nouvel an à tante Juliette.

5. J'ai promis aux enfants que nous *(rentrer)* de bonne heure.

6. Tante Simone m'a écrit qu'elle ne *(pouvoir)* pas passer le réveillon de Noël avec nous.

7. L'automobiliste a reconnu qu'il *(brûler)* un feu rouge.

8. La météo a annoncé que la température se *(refroidir)* en fin de semaine.

9. En rentrant chez elle, Éliane a constaté que les enfants *(laisser)* la télévision allumée.

10. Tu vois que cet exercice ne *(être)* pas aussi difficile que tu le croyais.

11. N'oublie pas que la banque *(fermer)* aujourd'hui à midi !

12. Nous avons vu Catherine hier soir ; nous avons remarqué qu'elle *(avoir)* mauvaise mine.

13. J'ai choisi ce disque pour toi ; j'espère qu'il te *(plaire)*.

14. Jusqu'au XVIᵉ siècle, les hommes crurent que la Terre *(être)* le centre de l'Univers.

15. La vieille dame criait qu'on lui *(voler)* son sac.

16. Gabriel s'est rendu compte qu'il *(se tromper)* de direction et il a fait marche arrière.

3. Même exercice :

1. Nous regrettons que vous ne *(pouvoir)* pas venir au théâtre avec nous ce soir.

2. Nous regrettons que vous ne *(pouvoir)* pas venir au théâtre avec nous hier soir.

3. Je ne comprends pas qu'Isabelle *(aller)* en Corse cet été, elle qui déteste la chaleur.

4. Je ne comprends pas qu'Isabelle *(aller)* en Corse l'été dernier, elle qui déteste la chaleur.

5. Je crains que le mauvais temps *(ne)* nous *(empêcher)* de faire cette promenade.

6. Je crains que le mauvais temps *(ne)* les *(empêcher)* de faire cette promenade hier.

4. Même exercice :

1. Tous les parents souhaitent que leurs enfants *(réussir)* dans la vie.

2. J'aimerais que tu me *(rendre)* ma machine à coudre ; j'en aurai besoin ce week-end.

3. J'ai écrit à Bernard il y a quinze jours ; je m'étonne qu'il ne me *(répondre)* pas encore.

4. Mon père voulait que je *(faire)* du droit ; mais moi, je préférais l'histoire.

5. J'ai peur que tu *(ne)* *(prendre)* froid hier.

6. Le professeur doute que cet étudiant *(faire)* tout seul le devoir qu'il lui a rendu.

7. Patrick aurait besoin que vous lui *(donner)* quelques conseils.

8. J'attendrai qu'il y *(avoir)* moins de monde pour aller voir cette exposition.

9. Les agriculteurs craignent que le gel du mois dernier *(ne)* *(abîmer)* les arbres fruitiers.

10. Cet acteur célèbre a toujours refusé que la presse *(parler)* de sa vie privée.

5. **Mettre le verbe entre parenthèses au mode et au temps convenables :**

A/
1. Je suis sûr qu'il y *(avoir)* un train pour Bordeaux ce soir.

2. Le cultivateur est certain que la récolte *(être)* bonne cette année.

3. Antoine est sûr que ce musée ne *(ouvrir)* qu'à 14 heures.

4. Les juges étaient convaincus que l'accusé *(commettre)* le crime tout seul.

5. Je suis persuadé que cet homme *(être)* innocent.

B/
1. Jean semblait très déçu que Juliette ne *(vouloir)* plus sortir avec lui.

2. Nous sommes bien contents que notre fils *(obtenir)* une bourse d'études.

3. Je suis désolé que tu ne *(venir)* pas ce soir à la fête des anciens élèves de l'école.

4. Les parents sont mécontents que les enfants *(faire)* du vélo hier sur la route nationale.

5. Je suis étonné qu'on ne *(pouvoir)* pas payer avec une carte de crédit dans ce magasin.

6. Le Petit Prince était ravi que l'aviateur lui *(dessiner)* un mouton.

7. Caroline est furieuse que sa sœur *(se servir)* tout le temps de son tourne-disque et qu'elle ne *(ranger)* jamais les disques.

6. **Même exercice :**

A/
1. Ma sœur est têtue ; il est certain qu'on ne la *(faire)* pas changer d'avis facilement.

2. Il est évident que le parachutisme *(être)* un sport dangereux.

3. Il est probable que M. Legrand *(être)* nommé ministre de la Culture.

4. Tu as suivi un régime ? Il me semble que tu *(maigrir)*.

5. Il paraît que les Lefort *(avoir)* des triplés.

B.
1. Il faut absolument que je *(aller)* chez le dentiste.

2. Il est préférable que vous ne *(écrire)* pas avec un crayon.

3. C'est dommage que tu *(oublier)* ta raquette de tennis.

4. Par un temps pareil, il vaut mieux que tu *(mettre)* des bottes.

5. Il est possible que nous *(prendre)* quelques jours de congé le mois prochain et que nous *(aller)* dans le Midi.

6. L'heure de ton train approche ; il est temps que tu *(partir)*.

7. Il arrive que cette plante *(fleurir)* deux fois dans l'année.

8. Il semble que ce *(être)* une fausse nouvelle.

9. Cela m'étonne que Jacques ne *(venir)* pas à la réunion hier soir.

10. Après ce cambriolage, il est indispensable que vous *(faire)* changer votre serrure.

7. **Compléter les phrases suivantes selon le modèle donné :**

« Je crois que Virginie réussira son examen. Et toi, **crois-tu qu'elle réussisse** *son examen ?*
— Non, **je ne crois pas qu'elle le réussisse.** *»*

1. « Je suis certain que cette solution est la meilleure. Et toi, es-tu certain que . . . . ?
   — Non, je ne suis pas certain que . . . . »

2. « Beaucoup de gens pensent que le développement de l'énergie nucléaire est dangereux. Et vous, trouvez-vous que . . . . ?
   — Non, je ne trouve pas que . . . . »

3. « Les étudiants étrangers trouvent que la langue française est difficile. Et vous, trouvez-
   vous que . . . . ?
   — Non, je ne trouve pas que . . . . »

4. « Cette vieille dame est persuadée que son chien comprend tout ce qu'on lui dit. Et
   toi, crois-tu que . . . . ?
   — Non, je ne crois pas que . . . . »

5. « Moi, je trouve qu'il y a trop de chiens à Paris. Et vous, trouvez-vous que . . . . ?
   — Non, je ne trouve pas que . . . . »

6. « Je suis sûr que ce film plaira aux enfants. Et toi, es-tu sûr que . . . . ?
   — Non, je ne suis pas sûr que . . . . »

8. **Mettre le verbe entre parenthèses au mode et au temps convenables :**

A/ 1. Il vaut mieux que vous *(prendre)* des chèques de voyage pour aller à l'étranger.

2. Je sais que vous ne me *(croire)* pas, mais c'est pourtant la vérité.

3. M. Merlin a téléphoné et il demande que vous le *(rappeler)*.

4. J'ai l'impression que vous ne *(comprendre)* pas bien ce que je viens de dire.

5. La banque a accepté que nous *(rembourser)* notre prêt en dix mensualités.

6. Je souhaite que vous *(faire)* un bon voyage.

7. J'ai beaucoup de travail cette semaine ; j'aimerais mieux que tu *(venir)* dîner la semaine
   prochaine.

8. Il y avait beaucoup d'embouteillages ; j'avais peur que nous *(ne) (arriver)* en retard
   à l'Opéra.

9. Je n'ai plus que 50 francs dans mon porte-monnaie ; je croyais qu'il me *(rester)* au
   moins 100 francs.

10. Nos parents voulaient que nous *(faire)* du sport et que nous *(jouer)* d'un instrument
    de musique.

*B/ 1. Les enfants aiment que les adultes les *(prendre)* au sérieux.

2. Après son baccalauréat, Julien s'imaginait que sa première année de droit *(être)* facile,
   mais il a fallu qu'il se *(mettre)* à travailler sérieusement.

3. Le règlement n'admet pas que vous *(fumer)* dans les salles de cours.

4. Les grévistes étaient mécontents que les négociations avec le patronat *(échouer)*.

5. Avec ce froid, il est peu probable que la neige *(fondre)*.

6. Les Meunier proposent que nous *(aller)* chez eux dimanche prochain.

7. Les experts prévoient qu'il y *(avoir)* une hausse du prix du pétrole.

8. Dis à Bernard que je *(être)* malade et qu'il *(venir)* me voir !

9. Je suis un peu pressé ; ça m'arrangerait que tu *(aller)* faire cette course à ma place.

10. Il pleuvait hier ; nous avons de la chance qu'il *(faire)* beau aujourd'hui pour notre pique-nique.

9. **Relier les phrases suivantes :**

A/ *Exemple :*
Tu te mets en colère ; cela ne sert à rien.
⟶ **Cela ne sert à rien que** tu te mettes en colère.

1. La population du centre de Paris a diminué ces dernières années ; c'est exact.

2. Tu n'as pas trouvé ce livre à la bibliothèque ; cela m'étonne.

3. Laurent a très mal aux oreilles ; cela m'inquiète.

4. A Paris les voitures stationnent souvent n'importe où ; c'est vrai.

5. Tu n'as pas pu voir *Le Malade imaginaire* à la Comédie-Française ; quel dommage !

6. J'ai fait une erreur ; c'est bien possible.

7. Ils ne sont pas encore arrivés ; c'est bizarre.

8. Fermez vos volets avant de partir en vacances ! Cela vaut mieux.

*B/ *Exemple :*
J'ai rangé la clé dans le tiroir ; j'en suis sûr.
⟶ **Je suis sûr que** j'ai rangé la clé dans le tiroir.

1. Donnez votre réponse au plus tard le 15 décembre ; l'Administration l'exige.

2. Il va pleuvoir cet après-midi ; j'en ai peur.

3. La majorité va changer aux prochaines élections ; les sondages l'indiquent.

4. Vous ne connaissez pas mon pays ; je le regrette.

5. Mes parents viendront me voir à Paris cet été, et ils resteront une semaine ; ils me l'ont écrit.

6. Il y a une erreur sur cette circulaire ; la secrétaire ne s'en est pas aperçue.

7. La nature doit être protégée ; tout le monde en est conscient.

8. Une bombe a explosé dans un grand magasin et il y a eu plusieurs blessés ; le journal télévisé l'a annoncé.

*10. **Transformer les phrases suivantes selon le modèle donné quand c'est possible :**

*Je suis sûr **d'avoir déjà rencontré** cette personne.*
——→ *Je suis sûr **que j'ai déjà rencontré** cette personne.*
*Je suis désolé **d'être** en retard.*
——→ Transformation **impossible.**

1. Sabine croyait être en retard.

2. Beaucoup de personnes âgées souhaitent vivre le plus longtemps possible à leur domicile.

3. J'espère obtenir rapidement mon visa pour la Pologne et partir en juin.

4. Charles aimerait trouver un travail dans l'informatique.

5. Je te promets d'être prudent.

6. Marc affirme avoir fermé à clé toutes les portes de la maison.

7. Dolorès, notre jeune fille au pair, est très fière d'avoir réussi son examen de français.

8. J'ai l'impression de m'être trompé de direction.

*11. **Compléter les phrases suivantes selon le modèle donné :**

*Je regrette **de ne pas avoir suivi tes conseils.***
——→ *Oui, il est regrettable **que tu n'aies pas suivi mes conseils.***

1. Alain est bien étonné d'avoir obtenu son permis de conduire du premier coup.
——→ Oui, il est bien étonnant que ....

2. Les Parisiens souhaiteraient avoir plus d'espaces verts.
——→ Oui, il serait souhaitable que ....

3. Je trouve normal d'écrire une lettre de remerciement quand on a été invité chez quelqu'un.
——→ Oui, il est normal que ....

4. Nous sommes surpris d'avoir trouvé si facilement une chambre d'hôtel à Cannes en plein mois d'août.
——→ Oui, il est surprenant que ....

5. Lucile est très ennuyée d'avoir perdu sa carte d'identité.
——→ Oui, il est très ennuyeux que ....

12. **Compléter les phrases suivantes :**

1. Quand j'étais enfant, j'avais souvent peur que ....

2. Tu es très enrhumée, il vaut mieux que ....

3. D'après les radios, le chirurgien pense que ....

4. Mes grands-parents, qui sont très traditionalistes, sont souvent choqués que ....

5. Le vol a été annulé à cause du brouillard ; nous avons dû téléphoner à nos amis que . . . .

6. J'ai payé très cher la réparation de mon magnétoscope ; j'espère maintenant que . . . .

7. Mercredi dernier, il faisait très beau ; les enfants avaient envie que . . . .

8. En France, les trains sont généralement à l'heure, mais il arrive parfois que . . . .

9. Il pleut beaucoup ; j'attends que . . . .

10. A ton âge, il est important que . . . . et que . . . .

11. Il me semble que . . . .

12. Ma voiture démarre mal ; il faudrait que . . . .

13. **Compléter les phrases suivantes :**

1. . . . . qu'il reçoive cette lettre rapidement.

2. . . . . qu'il recevra cette lettre rapidement.

3. . . . . qu'il fasse si chaud au mois de mai.

4. . . . . que nous vous emmènerons au cinéma dimanche prochain.

5. . . . . qu'ils viendraient faire du bateau avec nous en Bretagne.

6. . . . . que tu te fasses soigner.

7. . . . . qu'elle était déjà allée en Grèce.

8. . . . . que vous n'aimiez pas ce roman ; moi, je le trouve passionnant.

9. . . . . que les hommes aillent un jour sur la planète Mars.

10. . . . . que les hommes iront un jour sur la planète Mars.

11. . . . . qu'il ait bien compris les explications du professeur.

12. . . . . qu'il a bien compris les explications du professeur.

13. . . . . que vous payiez un loyer si élevé pour une chambre d'étudiant.

14. . . . . que vous ayez payé si peu cher ce canapé en cuir.

14. **Remplacer les propositions subordonnées par un groupe nominal :**

Exemple :
J'attends **que le train parte.**
⟶ J'attends **le départ du train.**

1. Il nous a appris que son fils s'était marié.

2. Avez-vous remarqué que Marie était absente ce matin ?

3. J'ai besoin que tu m'aides pour cette traduction.

4. L'employé est sûr que ces renseignements sont exacts.

5. Les voyageurs étaient très inquiets que l'avion soit en retard sur l'horaire prévu.

6. La propriétaire a annoncé que le magasin ouvrirait à 8 heures.

7. Agnès est très triste que son petit chat soit mort.

8. Mme Lafoy est heureuse d'annoncer que son quinzième petit-fils vient de naître.

9. En 1960, le général de Gaulle décida qu'on dévaluerait le franc.

10. Le gouvernement souhaite que de nouvelles entreprises soient créées dans cette région.

*15. **Remplacer l'infinitif passif par une proposition subordonnée complétive :**

Exemple :
Je ne veux pas **être dérangé** quand je travaille.
⟶ Je ne veux pas **qu'on me dérange** quand je travaille.

1. J'ai toujours peur d'être mordu par l'énorme chien de mes voisins.

2. Cette jeune violoniste a eu la chance d'être remarquée par un grand chef d'orchestre.

3. Les syndicats sont satisfaits d'avoir été reçus par le ministre du Travail.

4. Comme il parle japonais, M. Durand pense être envoyé en mission au Japon.

5. Marion n'aime pas être confondue avec sa sœur jumelle.

6. Les adolescents ont souvent l'impression d'être mal compris par leurs parents.

7. L'employé ne veut pas être accusé de cette erreur.

8. Elle s'appelle Jeanne, mais elle a horreur d'être appelée Jeannette.

Chapitre 19

L'emploi du conditionnel

1. **Imiter les phrases suivantes en employant le verbe donné :**

A/ 1. **Politesse**

a/ *Je **voudrais** un billet aller et retour Paris-Lyon.*
J'ai soif ; . . . . *(vouloir)*

b/ *J'ai froid ; **pourriez**-vous fermer la fenêtre ?*
Mon stylo ne marche plus ; . . . . *(pouvoir)*.

2. **Désir**

*J'**aimerais** bien visiter les Pyramides d'Égypte.*
J'ai vu un très joli vase chez un antiquaire ; . . . . *(aimer ou vouloir)*

3. **Regret**

*J'**aurais bien aimé** vivre au XVIIIe siècle !*
L'exposition Kandinsky s'est terminée hier ; . . . . *(aimer ou vouloir)*

4. **Information non confirmée**

a/ *Une réunion des ministres de l'Agriculture des pays du Marché commun **aurait** lieu le 17 décembre prochain à Bruxelles.*
Le président de la République . . . . *(se rendre)*.

b/ *La catastrophe ferroviaire d'avant-hier **aurait fait** cinquante victimes.*
Une attaque à main armée a eu lieu hier dans une banque de Marseille ; . . . .
(emporter)

5. **Futur dans le passé**

*Il a dit qu'il **passerait** me voir ce week-end.*
Yolande m'a écrit que . . . . *(venir)*

6. **Fait soumis à une condition**

a/ *Si tu étais en retard, je **partirais** sans toi.*
S'il pleuvait, ... *(rester)*

b/ *Si tu avais été en retard, je **serais parti** sans toi.*
S'il avait plu, ... *(rester)*

N.B. *Pour les valeurs des conditionnels dans les phrases des paragraphes 5 et 6, voir également les chapitres sur l'emploi des temps de l'indicatif et sur l'expression de la condition.*

B/ **Compléter les phrases suivantes selon les indications données :**

1. Ils n'ont qu'un enfant ; . . . . *(désir)*

2. Quelle est la route pour Vézelay ? . . . . *(politesse)*

3. Je ne joue d'aucun instrument de musique ; . . . . *(regret)*

4. Un cyclone s'est abattu hier sur la Floride ; . . . . *(information non confirmée)*

5. On a annoncé ce matin à la radio que . . . . *(futur dans le passé)*

6. Étienne est déjà parti ; . . . . *(regret)*

7. Je cherche le rayon des surgelés ; . . . . *(politesse)*

8. A l'automne prochain, la Reine d'Angleterre . . . . *(information non confirmée)*

2. **Compléter les phrases suivantes selon le modèle donné :**

A/ *Le ciel se couvre ; **on dirait** qu'il va pleuvoir.*

1. Regardez ces fleurs artificielles ; . . . .

2. Mitsuko parle français sans accent ; . . . .

3. Tu as mauvaise mine ; . . . .

B/ *Nous **pourrions** aller au cinéma ce soir. Qu'en penses-tu ?*

1. Il fait un temps splendide ; . . . .

2. Il vous reste une heure avant le départ du train ; . . . .

3. Le petit Charles adore dessiner ; . . . .

3. **Imiter l'exemple suivant :**

A/ *Je vous **conseille** de prendre l'autoroute.*
——→ *Vous **devriez** prendre l'autoroute.*

1. Je te conseille de lire ce livre.

2. Je vous conseille de ne pas porter vos lentilles de contact plus de dix heures par jour.

3. Je vous conseille de vous abonner à cette revue.

4. Je te conseille de te renseigner sur les voyages organisés par cette agence.

5. Je te conseille de ne pas conduire de nuit.

*B/ *Vous n'avez pas pris l'autoroute ; vous avez eu tort.*
⟶ *Vous **auriez dû** prendre l'autoroute.*

1. Vous n'avez pas rempli ces formulaires ; vous avez eu tort.

2. Les deux jeunes gens sont partis en bateau sans prévenir leurs parents ; ils ont eu tort.

3. Mon grand-père ne s'est pas fait vacciner contre la grippe ; il a eu tort.

4. Tu es venu par un temps pareil ! Tu as eu tort.

5. Je n'ai pas réservé de places dans le train ; j'ai eu tort.

4. **Georges Perec décrit la maison dont rêvent Jérôme et Sylvie. Écrire les verbes au conditionnel comme l'a fait l'auteur :**

La première porte **ouvre** sur une chambre, au plancher recouvert d'une moquette claire. Un grand lit anglais en **occupe** tout le fond. A droite, de chaque côté de la fenêtre, deux étagères étroites et hautes **contiennent** quelques livres, des albums, des pots, des colliers... A gauche, une vieille armoire de chêne **fait** face à un petit fauteuil... La seconde porte **découvre** un bureau. Les murs, de haut en bas, **sont tapissés** de livres et de revues, avec, çà et là, quelques gravures, des dessins, des photographies... Un peu à gauche de la fenêtre et légèrement en biais, une longue table lorraine **est couverte** d'un grand tapis rouge.. La lumière **vient** d'une vieille lampe de bureau garnie d'un abat-jour. De chaque côté de la table, il y **a** deux fauteuils de bois et de cuir, à hauts dossiers... Leur appartement **est** rarement en ordre mais son désordre même **est** son plus grand charme. Ils s'en **occupent** à peine. Ils y **vivent**.

D'après *Les Choses,* © Éd Julliard.

Chapitre 20

L'infinitif

---

1. L'infinitif employé comme nom
2. Infinitif présent, infinitif passé
3. La proposition subordonnée infinitive
4. L'infinitif employé comme impératif

---

1. **Remplacer les mots en caractères gras par un infinitif en faisant les transformations nécessaires :**

Exemple :
Les voyages coûtent moins cher qu'autrefois.
   ➤ **Voyager** coûte moins cher qu'autrefois.

1. **La construction** du tunnel sous la Manche demandera plusieurs années.

2. **La restauration** d'un tableau ancien, c'est un travail délicat.

3. En hiver à la montagne, j'adore **la lecture** au coin du feu.

4. **La traduction** d'un roman prend beaucoup de temps.

5. Pour **la culture** des oliviers, il faut un climat sec et chaud.

6. L'envoi de la sonde *Voyager II* a permis **l'observation** de la planète Uranus.

7. **La couture** et **le tricot,** tu aimes ça ?

8. Mon mari et moi, nous avons l'habitude de **la marche** en montagne.

9. Avant **votre départ,** n'oubliez pas de débrancher le réfrigérateur !

10. Le bébé a supporté le vaccin sans **un cri.**

11. Le maire de la ville a ordonné **la fermeture** de cette boîte de nuit pour trafic de drogue.

12. Les enfants aiment **les jeux** en plein air.

2. **Compléter les phrases suivantes par un infinitif présent ou passé selon le sens :**

Exemples :
(manquer) : Il est déjà 8 heures. J'ai peur de ... mon train.
⟶ J'ai peur de **manquer** mon train.
(attraper) : J'ai peur de ... un rhume hier.
⟶ J'ai peur d'**avoir attrapé** un rhume hier.

1. *(rendre) :* Mon ami m'a promis de me ... ma voiture ce soir.

2. *(aller) :* Je regrette de ne pas ... au musée Guggenheim quand j'étais à New York.

3. *(emprunter) :* En raison des travaux, on conseille aux automobilistes de ... la déviation.

4. *(envoyer) :* Je vous remercie de me ... la documentation que je vous avais demandée.

5. *(faire) :* Excusez-moi de vous ... attendre ! J'étais retenu par un client.

6. *(faire) :* Excusez-moi de vous ... attendre ! Je m'occupe de vous dans quelques minutes.

7. *(venir) :* C'est très gentil de ... me voir pendant que j'étais à la clinique.

8. *(rentrer) :* Les cultivateurs espèrent ... les foins avant la pluie.

9. *(conduire) :* Nous nous chargerons de ... votre fils à l'école la semaine prochaine.

10. *(s'inscrire) :* Vous pouvez ... à partir du 1er octobre.

11. *(obtenir) :* On ne peut s'inscrire à l'université qu'après ... son baccalauréat.

12. *(étudier) :* Une expédition scientifique a été envoyée au Groënland afin de ... la faune et la flore polaires.

13. *(remporter) :* Ce joueur est célèbre pour ... trois fois le tournoi de Wimbledon.

14. *(enlever) :* On peut entrer dans une mosquée à condition de ... ses chaussures.

15. *(se baigner) :* Il faisait un temps superbe hier ; je regrette de ne pas ....

*3. **Remplacer les mots en caractères gras par un infinitif :**

Exemple :
C'est l'heure de la messe ; on entend les cloches **qui sonnent.**
⟶ C'est l'heure de la messe ; on entend les cloches **sonner.**

1. A la télévision, on a vu en direct la fusée **qui explosait.**

2. Sur les routes, en été, on voit souvent des jeunes **qui font** de l'auto-stop.

3. Devant ce triste spectacle, elle sentit les larmes **qui lui montaient** aux yeux.

4. Nous marchions en silence dans la forêt et nous écoutions les oiseaux **qui chantaient.**

5. Dans le pré, les vaches regardaient les trains **qui passaient.**

6. Dans les pays musulmans, on entend les muezzins **qui appellent** les croyants à la prière.

7. Dans ce petit village, on peut encore voir des femmes **qui filent** la laine.

8. J'ai entendu une porte **qui claquait.**

4. **Remplacer les impératifs par des infinitifs :**

Exemple :
Faites cuire le soufflé 25 minutes à four chaud.
⟶ **Faire** cuire le soufflé . . . .

1. Introduisez deux pièces de 1 franc dans l'appareil, puis appuyez sur le bouton correspondant à la boisson choisie.

2. Ne vous penchez pas par la fenêtre !

3. Décrivez un coucher de soleil au bord de la mer.

4. Ne donnez rien à manger aux animaux du zoo !

5. Servez ce poisson avec un vin d'Alsace !

6. Peinture fraîche ! Ne vous asseyez pas sur le banc !

7. Ne vous baignez jamais sur cette plage quand le drapeau est rouge !

8. Prenez deux comprimés aux heures des repas, matin, midi et soir.

Chapitre 21

La phrase exclamative

1. **Construire des phrases en employant les mots donnés :**

A/ *Quel(les)*

Exemple :
Ces roses sont belles. ⟶ Quelles belles roses !

1. Cette femme est jolie.
2. Il pleut. C'est dommage.
3. Cette histoire est invraisemblable.

B/ *Comme*

Exemple :
Cet enfant est très mignon. ⟶ Comme il est mignon !

1. Elles sont snobs.
2. Elle a maigri.
3. Tu parles bien français.
4. Il fait froid.

C/ *Que*

Exemple :
Pierre est très grand. ⟶ Qu'il est grand !

1. Ils étaient drôles, ces clowns.
2. Ce parfum sent bon.
3. Il a l'air fatigué.

*2. **Compléter les phrases suivantes par une ou plusieurs tournures exclamatives :**

Exemple : | J'adore Rome.
| Quelle belle ville !
| Comme cette ville est belle !

1. Il fait chaud.

2. Regardez cette photo !

3. Il neige depuis trois jours.

4. Nous venons de dîner au restaurant de la tour Eiffel.

5. Il a perdu sa femme et sa fille dans un accident de voiture.

6. Valentine a gagné un voyage aux Antilles.

7. Cet appartement s'est vendu un million de francs.

3. **Compléter les phrases suivantes en imitant le modèle donné ;**

*Je n'ai pas de nouvelles d'Antoine depuis longtemps. **Pourvu que** . . . . !*
━━▶ Je n'ai pas de nouvelles d'Antoine depuis longtemps. Pourvu qu'il ne soit pas malade !

1. Nous devons faire un grand tour en bateau demain. Pourvu que . . . . !

2. Aux courses, j'ai parié pour le cheval n° 13. Pourvu que . . . . !

3. Le rendez-vous est à 18 heures, mais il y a des embouteillages dans toute la ville. Pourvu que . . . . !

4. Le violoniste P. Richard est grippé. Il doit donner un concert lundi prochain. Pourvu que . . . . !

5. J'ai oublié de composter mon billet de train. Pourvu que . . . . !

6. Christian a laissé son cartable au vestiaire de la piscine. Pourvu que . . . . !

Chapitre 22

Le discours indirect

	Le discours indirect	7.	Révision
1. 2. 3.	— sans concordance de temps	8. à 11.	L'interrogation indirecte
4. 5.	— avec concordance de temps	12. à 15.	Révision
6.	Cas de l'impératif		

1. **Transposer les phrases suivantes du discours direct au discours indirect :**

1. Il dit : « Il pleut. »

2. On annonce : « Le train va partir. »

3. Je vous préviens : « Il y a une grève à Roissy-Charles de Gaulle. »

4. Elles disent : « Nous sommes fatiguées. »

5. Si on t'interroge, tu répondras : « Je ne sais pas ! »

6. Je dis à Pierre : « Tu as oublié de me rapporter le journal. »

7. L'enfant crie : « Je veux faire un autre tour de manège. »

8. Elle annonce : « Mes amis viendront dîner ce soir. »

9. Vous direz à Céline : « Tu as laissé tes lunettes chez ta sœur. »

10. Il me répète souvent : « Je t'emmènerai à Venise pour ton anniversaire. »

2. **Transposer les phrases suivantes du discours indirect au discours direct :**

1. Il affirme qu'il ne connaît pas cet homme.

2. Le présentateur annonce que le film va commencer.

3. Christian dit qu'il a envie d'un bon café.

4. Martine dit que sa voiture est en panne.

5. Le vendeur répond au client que sa commande sera livrée lundi prochain.

3. **Transposer les phrases suivantes du discours direct au discours indirect :**

1. Le professeur dit aux étudiants : « L'examen aura lieu le 25 mai. »

2. L'employé répond au voyageur : « Je peux vous réserver une place dans le train de 16 h 30. »

3. Les deux touristes expliquent à l'agent de police : « Nous nous sommes trompés de direction et nous ne savons pas comment rentrer à notre hôtel. »

4. Nathalie dit à ses parents : « Je vais à la patinoire avec mes amis et je rentrerai vers 7 heures. » Et elle ajoute : « Il y aura une compétition et j'espère bien obtenir un bon classement. »

5. L'enfant dit à son père : « J'aimerais bien avoir une bicyclette neuve. »

6. Le directeur du théâtre annonce : « L'acteur qui devait jouer le rôle de Ruy Blas est malade et il sera remplacé par M. X. »

4. **Même exercice :**

1. Les journaux ont annoncé : « Le président de la République va se rendre prochainement en Italie. »

2. L'enfant répétait : « Je ne veux pas aller à l'école. »

3. Je me suis trompé de numéro. Une voix enregistrée disait : « Il n'y a pas d'abonné au numéro que vous demandez. »

4. Les Dumas nous ont répondu : « Nous vous remercions de votre invitation et nous acceptons avec plaisir de venir dîner samedi soir. »

5. Le professeur a dit aux élèves : « Il faut que vous sachiez ce poème par cœur. »

6. Les enfants ont dit à leur mère : « Nous avons trouvé un petit chien abandonné dans la rue et nous voudrions le garder. »

7. Mon frère m'a dit au téléphone : « Je viendrai te chercher à l'aéroport. »

8. Le pianiste annonça au public : « Je vais jouer en bis un nocturne de Chopin. »

9. Amélie m'a écrit : « Je viens de changer de travail et je suis très contente de mon nouveau poste parce que je ferai de nombreux déplacements à l'étranger. »

10. L'expert déclara : « Ce tableau est un faux ! »

5. **Même exercice (en modifiant les expressions de temps) :**

A/ Mercredi dernier, notre fils Olivier nous a téléphoné d'Algérie : « Je suis bien arrivé. » Cette semaine, nous avons reçu une lettre de lui nous disant : « Je me suis installé **aujourd'hui** dans la maison que François et moi allons habiter pendant la durée de notre stage à la raffinerie. » Il écrivait également : « **Hier,** le directeur nous a fait visiter l'usine et nous a présentés à quelques cadres de l'entreprise. » Enfin il ajoutait : « Nous irons à la plage **demain** et nous commencerons notre travail **lundi prochain.** »

B/ Charlotte qui suit un cours d'anglais à Oxford a téléphoné la semaine dernière à sa mère. Elle lui a dit : « J'ai trois heures de cours par jour le matin et, l'après-midi, je suis libre pour travailler ou faire du sport. » Elle lui a raconté également : « **Le week-end dernier,** je suis allée à Londres avec des camarades de classe. Nous y retournerons **le week-end prochain**. »

6. **Même exercice :**

Exemple :
Elle dit aux élèves : « **Sortez !** »
⟶ Elle dit aux élèves **de sortir.**

1. Le professeur conseille aux étudiants : « Écrivez la correction de l'exercice sur vos cahiers ! »

2. Le gardien du parc a dit aux enfants : « Ne jouez pas au ballon sur la pelouse ! »

3. Mon ami m'a dit : « Assieds-toi à côté de moi ! »

4. La bibliothécaire a demandé à l'étudiant : « N'oubliez pas de rapporter ces livres mercredi prochain ! »

5. La mère demande à son petit garçon : « Va chercher du pain et prends le courrier chez la concierge en rentrant ! »

6. L'agent de police a ordonné à l'automobiliste : « Ne garez pas votre voiture ici ! »

7. Mon père m'a bien recommandé : « Ne conduis pas trop vite et téléphone-moi dès ton arrivée ! »

7. **Transposer les phrases suivantes du discours indirect au discours direct :**

1. Agnès affirme qu'elle n'a jamais le mal de mer en bateau.

2. J'ai promis aux enfants que je les emmènerais au zoo.

3. La météo a annoncé qu'il y aurait des orages en fin de journée.

4. A la préfecture de police, on lui a dit de revenir le lundi suivant.

5. Marie-Noëlle m'a dit que sa mère était malade et qu'elle devait s'occuper de ses frères et sœurs plus jeunes.

6. L'homme politique déclara qu'il se présenterait aux élections législatives.

7. L'infirmière a demandé aux visiteurs de ne pas faire de bruit.

8. David m'a dit qu'il avait justement vu ce film la veille.

9. Les touristes ont dit qu'ils voulaient absolument visiter les Catacombes.

10. La vendeuse m'a répondu que la collection d'hiver allait arriver la semaine suivante.

8. **Transposer les phrases suivantes du discours direct au discours indirect :**

A/ 1. Je me demande : « Où ai-je mis mon porte-monnaie ? »

2. « Combien de temps ces étudiants ont-ils étudié le français ? » voulait savoir le professeur.

3. L'étudiant a demandé : « Pourquoi y a-t-il un accent circonflexe sur les mots "tête" et "hôpital" ? »

4. Le douanier demande à chaque automobiliste : « Avez-vous quelque chose à déclarer ? »

5. « Reviendras-tu nous voir à Fontainebleau ? » m'ont demandé mes amis.

6. « N'y a-t-il vraiment pas d'autre solution ? » demanda-t-il anxieusement.

7. « Est-ce que tu pourras me prêter ce roman quand tu l'auras fini ? » a demandé Monique à sa sœur.

8. « Comment vont vos parents ? » m'a demandé ma belle-mère.

B/ 1. Je veux savoir : « Qui est-ce qui a téléphoné tout à l'heure ? »

2. « Qui est-ce qui veut faire une partie de poker avec moi ? » demandait le jeune homme.

3. Il nous a demandé : « Qui préférez-vous ? Balzac ou Zola ? »

4. « Avec qui sors-tu ? » demanda le père à sa fille.

5. Tous les gens demandent : « Qu'est-ce qui a causé l'accident ? »

6. « Qu'est-ce qui est écrit sur le panneau ? » cherchait à lire le visiteur.

7. Dis-moi : « Qu'est-ce que tu veux faire quand tu seras grand ? »

8. « Qu'est-ce que vous prendrez comme entrée ? » demanda le serveur à la dame.

9. En voyant un paquet sur la table, l'enfant a demandé : « Qu'est-ce que c'est ? »

10. « A quoi sert ce bouton rouge ? » voulait-il savoir.

C/ 1. L'homme demanda au passant : « Quelle heure est-il ? »

2. « Quel vin nous conseillez-vous avec ce poisson ? » demandèrent-ils au maître d'hôtel.

3. « Laquelle de ces deux voitures consomme le moins d'essence ? » a demandé le client au garagiste.

4. « Pour lequel de ces candidats vas-tu voter ? » m'a demandé mon ami.

9. **Compléter les phrases suivantes par un mot interrogatif :**

1. Pouvez-vous m'expliquer . . . on va à la gare de Lyon ?

2. Dites-nous . . . cette information est bien exacte !

3. Traduis-moi . . . . . . est écrit sur ce prospectus !

4. Dites-moi, s'il vous plaît, . . . se trouve la station de métro la plus proche !

5. J'aimerais savoir . . . vous avez des chaussures de sport.

6. Je voudrais savoir . . . tu n'as pas répondu à ma lettre.

7. Je ne comprends pas . . . . . . peut faire ce bruit.

8. Grand-mère, raconte-nous . . . vivaient les gens quand tu étais petite !

9. Expliquez-nous ... ... il faut faire pour obtenir une carte de travail !

10. Personne ne savait ... il reviendrait.

11. Pouvez-vous me dire ... a peint *Les Nymphéas* ?

12. Excusez-moi, je n'ai pas compris ... ... vous venez de dire !

10. Transposer les phrases suivantes du discours indirect au discours direct en imitant l'exemple donné :

La jeune fille a demandé si la poste était ouverte jusqu'à 7 heures.
⟶ *« La poste est-elle ouverte jusqu'à 7 heures ? » **a demandé la jeune fille.***

1. Le vieil homme demande aux enfants qui a lancé cette pierre.

2. Philippe se demande ce qu'il offrira à sa femme pour Noël.

3. L'hôtesse de l'air demandait aux passagers s'ils voulaient des boissons fraîches.

4. Le vigneron se demandait si le mauvais temps ne retarderait pas les vendanges.

5. La police cherchait à savoir ce qui s'était passé avant le crime.

6. Le voyageur a demandé au contrôleur à quel quai s'arrêterait le train en provenance de Lille.

7. En raison des vagues énormes, on se demandait s'il fallait continuer ou rentrer au port.

8. Le guide demande aux touristes s'ils aimeraient visiter une cave de champagne.

9. Catherine a demandé à sa fille pourquoi elle pleurait.

10. Mes parents m'ont demandé comment mes vacances s'étaient passées.

*11. Mettre le verbe entre parenthèses au passé composé, puis au passé simple :

Exemple :
« Est-ce que tu sais jouer au Monopoly ? » Marc / il *(demander)*
⟶ | « Est-ce que tu sais jouer au Monopoly ? » **a demandé Marc.**
　 | « Est-ce que tu sais jouer au Monopoly ? » **a-t-il demandé.**
⟶ | « Est-ce que tu sais jouer au Monopoly ? » **demanda Marc.**
　 | « Est-ce que tu sais jouer au Monopoly ? » **demanda-t-il.**

1. « Vous n'avez pas le droit d'entrer ici », elle *(dire)*.

2. « Pouvez-vous répéter votre question plus lentement ? », l'étranger *(demander)*.

3. « Si, c'est du cuir véritable ! », le vendeur *(répondre)*.

4. « J'ai peur ! » elle *(s'écrier)*.

5. « Est-ce que tu peux me donner de l'argent pour m'acheter une glace ? », l'enfant *(demander)* à sa mère.

6. « Je ne suis pas venue hier parce que mon fils était malade », elle *(expliquer)* à son patron.

7. « Où se trouve l'office du Tourisme ? », il *(interroger)*.

12. **Texte à transposer au discours indirect :**

Une jeune fille entra dans la librairie. Un vendeur s'approcha d'elle et lui demanda :
« Que cherchez-vous, mademoiselle ?
— J'ai besoin d'un guide touristique sur Paris », répondit la jeune fille.
Le libraire lui présenta un livre tout récent en expliquant :
« Ce guide est très clair et les photos sont magnifiques. »
La jeune fille le feuilleta et le rendit au vendeur en s'exclamant :
« Vous avez raison, mais c'est trop cher pour moi ! »

13. **Texte à transposer au discours direct :**

Tante Lucie m'a dit l'autre jour que son mari et elle voudraient m'offrir un cadeau pour mon mariage et elle m'a demandé ce que je désirais. J'ai répondu que Nicolas et moi, nous allions déposer une liste de mariage dans un grand magasin, mais qu'elle pouvait aussi nous faire un cadeau plus personnel.

14. **Texte à transposer au discours indirect :**

Un peintre célèbre, retiré dans un village de Provence, reçut un jour la visite d'une journaliste. Celle-ci lui demanda tout d'abord :
« Pourquoi avez-vous quitté Paris ? Qu'est-ce qui vous a attiré dans cette région ? »
Le peintre répondit :
« Paris, bien sûr, permet des rencontres lorsqu'on cherche à se faire connaître, mais à mon âge, on aime surtout la tranquillité propice au travail. Ce qui m'a plu dans ce pays, ajouta-t-il, ce sont les couleurs et la qualité de la lumière.
— Serait-il possible que je visite votre atelier ? demanda ensuite la journaliste.
— Je vous le ferai visiter bien volontiers, répliqua le peintre, parce que je suis toujours heureux que l'on s'intéresse à mes œuvres. »

*15. **Transposer les phrases suivantes du discours direct au discours indirect :**

Exemple :
« Pourquoi as-tu refusé ce travail ? Je ne le comprends pas. »
⟶ « Je ne comprends pas pourquoi tu as refusé ce travail. »

1. « Y aura-t-il un test lundi prochain ? Le professeur ne nous l'a pas dit. »

2. « Peut-on changer de l'argent dans cette banque ? Le savez-vous ? »

3. « Il n'y a pas de liaison directe entre Nantes et Marseille. La Compagnie Air Inter me l'a confirmé. »

4. « Qu'est-ce que nous devons préparer pour le prochain cours d'anglais ? Je l'ai complètement oublié. »

5. « Le musée Marmottan n'est pas un musée national et il est ouvert le mardi. Le saviez-vous ? »

6. « Où auront lieu les prochains Jeux Olympiques ? Le sais-tu ? »

7. « On a découvert des vestiges du Moyen Age sous la Cour Carrée du Louvre. Je l'ignorais. »

8. « L'homme pourra-t-il vivre un jour dans l'espace ? On l'ignore encore. »

Chapitre 23

L'expression de la cause

1. **Répondre aux questions suivantes en employant chaque fois *parce que* :**

1. Pourquoi cette petite fille pleure-t-elle ?

2. Pourquoi John rentre-t-il déjà dans son pays ?

3. Pourquoi y a-t-il des jours et des nuits ?

4. Pourquoi étiez-vous en retard ce matin ?

5. Pourquoi fait-on du ski dans les Alpes ?

6. Pourquoi le chien aboie-t-il ?

7. Pourquoi portez-vous des lunettes ?

8. Pourquoi ne m'as-tu pas téléphoné hier ?

2. **Mettre le verbe entre parenthèses au mode et au temps convenables :**

A/ 1. Marie va certainement revenir parce qu'elle *(oublier)* ses clefs.

2. Marie a été obligée de revenir parce qu'elle *(oublier)* ses clefs.

3. Nous ne pouvons plus garer la voiture dans notre rue parce qu'il y *(avoir)* des travaux.

4. Laurent n'a pas voulu jouer au tennis avec moi ce matin parce qu'il ne *(être)* pas en forme.

5. Le match de football n'a pas eu lieu parce que le capitaine de l'une des deux équipes *(se casser)* la jambe aux sports d'hiver quelques jours avant.

6.   M. Portal ne pourra pas assister à la réunion des copropriétaires de l'immeuble parce qu'il *(être)* en voyage d'affaires à ce moment-là.

7.   M. Portal ne pourra pas assister à la réunion des copropriétaires de l'immeuble parce qu'il ne *(rentrer)* pas encore à cette date-là.

8.   Ne m'appelle pas ce soir parce que je *(aller)* à une réunion et que je *(rentrer)* tard !

B/ 1.   Comme il *(avoir)* très soif, il a bu trois grands verres d'eau.

2.   Comme Solange *(avoir)* le foie fragile, elle ne mange ni œufs ni chocolat.

3.   Comme il *(neiger)* toute la nuit, la route était glissante.

4.   Comme les enfants *(aller)* à l'école le samedi matin et qu'il y *(avoir)* toujours beaucoup de monde sur les routes ce jour-là, nous partons rarement en week-end.

C/ 1.   Étant donné que Julien ne *(être)* pas majeur, il ne peut pas aller à l'étranger sans l'autorisation de ses parents.

2.   Étant donné que le locataire ne *(payer)* pas sa dernière facture de téléphone, les PTT ont coupé la ligne.

D/ 1.   Puisque tu *(parler)* bien l'anglais, aide-moi à traduire ce texte !

2.   Puisque vous *(rester)* à Paris cet été et que vous *(aimer)* les animaux, pourriez-vous garder mon chat ?

3.   Puisque vous *(voir)* déjà ce film, dites-nous ce que vous en pensez !

E/ 1.   La compagnie d'assurances a refusé de nous rembourser après le cambriolage de notre appartement sous prétexte que nous *(laisser)* une fenêtre ouverte.

2.   Bertrand n'a pas voulu aller chez son cousin sous prétexte qu'il ne *(s'entendre)* pas avec lui.

3. **Compléter les phrases suivantes en imitant le modèle donné :**

Exemple :
Vous me dites que vous êtes pressé. **Puisque** ....
⟶ **Puisque** vous êtes pressé, partez sans moi !

1.   Tu me dis que cette émission ne te plaît pas. Puisque ....

2.   Vous voyez bien qu'il va pleuvoir. Puisque ....

3.   Les critiques disent que cette pièce est excellente. Puisque ....

4.   Il est déjà midi. Puisque ....

5.   On annonce qu'il y aura une grève des trains la semaine prochaine. Puisque ....

4. **Compléter les phrases suivantes :**

1. Les étudiants ne prennent pas souvent de taxis parce que . . . .

2. Puisque . . . . , tu dois recommencer ce calcul.

3. Suzy parle couramment le français parce que . . . .

4. Vous pouvez quitter la salle d'examen puisque . . . .

5. Comme . . . . , Pauline rougit quand on l'interroge.

6. On ne l'a pas laissé entrer sous prétexte que . . . .

7. Comme je n'avais pas de maillot de bain, ...

8. Comme ma machine à laver est tombée en panne, ...

9. Comme . . . . et que . . . . , Juliette ne nous accompagnera pas au cinéma.

10. La place de la Bastille s'appelle ainsi parce que . . . .

5. **Répondre aux questions suivantes en employant chaque fois _à cause de_ :**

1. Pourquoi les trains sont-ils en retard ?

2. Pourquoi les bateaux ne sortent-ils pas du port ?

3. Pourquoi fermez-vous la fenêtre ?

4. Pourquoi portez-vous des lunettes noires ?

5. Pourquoi l'air est-il mauvais dans les villes ?

6. Pourquoi y a-t-il tant de monde dans les magasins ?

6. **Remplacer la proposition subordonnée par un groupe _préposition + nom_ ou _préposition + infinitif_, sans changer le sens de la phrase :**

A/ 1. En ce moment, il faut beaucoup arroser les plantes **parce qu'il fait chaud.** _(à cause de + nom)_

2. Le matin du 14 juillet, la station de métro Charles-de-Gaulle-Étoile est fermée **parce qu'il y a le défilé sur les Champs-Élysées.** _(en raison de + nom)_

3. **Comme un passant l'a aidé,** l'aveugle a pu traverser la rue. _(grâce à + nom)_

4. **Étant donné qu'il fait très beau,** tout le monde est sur la plage. _(étant donné + nom)_

*B/ 1. **Comme il n'y avait pas de pain,** nous avons mangé des biscottes. _(faute de + nom)_

2. **Comme tu lis toujours de trop près,** tu vas t'abîmer les yeux. _(à force de + infinitif)_

3. **Comme il a beaucoup travaillé,** il a obtenu un poste important dans son entreprise. _(à force de + nom)_

4. L'incendie a été éteint très vite **parce que les pompiers sont rapidement intervenus.** _(grâce à + nom)_

*7. **Compléter les phrases suivantes par les prépositions employées dans l'exercice 6 :**

1. Les voitures roulent très lentement . . . le verglas.
2. Il a dû renoncer à ce voyage . . . argent.
3. . . . ce nouveau médicament, le malade a pu être sauvé.
4. . . . l'heure tardive, il vaut mieux que nous rentrions.
5. Le spectacle en plein air n'a pas eu lieu . . . le mauvais temps.
6. . . . jouer avec des allumettes, tu vas mettre le feu à la maison.

8. **Remplacer le groupe nominal par une proposition subordonnée de même sens :**

A/ 1. Ferme la porte **à cause des courants d'air** !
2. **En raison d'un accident,** la circulation a été détournée.
3. **Étant donné la longueur du trajet,** nous ferons le voyage en deux étapes.
4. La fête a été très réussie **grâce au beau temps.**
5. Gilbert n'a pas été accepté comme moniteur de colonies de vacances **en raison de son jeune âge.**

*B/ 1. Je n'ai pas terminé ma rédaction **faute de temps.**
2. Plusieurs villages furent détruits **en raison d'un violent tremblement de terre.**
3. **Grâce au prolongement de la ligne de métro,** je n'ai plus besoin de prendre l'autobus.
4. **A force d'entraînement,** il a pu participer au Marathon de Paris.
5. **Faute de clients,** ce magasin a fermé ses portes.

*9. **Relier les éléments de la colonne de gauche aux éléments de la colonne de droite en inscrivant les lettres correspondantes dans les cases :**

A - L'hôtel est fermé		de sommeil
B - Il a été condamné à perpétuité		de faim
C - Cet homme a fait six mois de prison		de peur
D - Le motocycliste a dû payer une amende		pour travaux
E - Il conduisait comme un fou, j'étais vert		par gourmandise
F - Je vais me coucher, je tombe		pour vol
G - Allons déjeuner, je meurs		par erreur
H - Excusez-moi, j'ai pris vos gants		pour excès de vitesse
I - Je n'ai plus faim, je me ressers		par simple curiosité
J - Je suis entré chez cet antiquaire		pour avoir commis un meurtre

10. Remplacer les propositions subordonnées par un gérondif :

Exemple :
Les enfants ont réveillé leur petit frère **parce qu'ils faisaient trop de bruit.**
⟶ Les enfants ont réveillé leur petit frère **en faisant trop de bruit.**

1. La vieille dame s'est cassé la jambe **parce qu'elle a glissé sur le trottoir.**

2. L'automobiliste a évité un accident **parce qu'il a freiné à temps.**

3. Le petit Bruno s'est rendu malade **parce qu'il a mangé trop de chocolat.**

4. Il a brûlé une chemise **parce qu'il l'a repassée avec un fer trop chaud.**

5. Il s'est tordu la cheville **parce qu'il a descendu l'escalier quatre à quatre.**

*11. Remplacer les passages en caractères gras par une proposition subordonnée :

A/ *Exemple :*
Pensant que vous n'aimiez pas fumer, je ne vous ai pas offert de cigarettes.
⟶ **Comme je pensais que vous n'aimiez pas fumer,** je ne vous ai pas offert de cigarettes.

1. **Croyant qu'il allait pleuvoir,** il a pris un parapluie.

2. **Connaissant bien la peinture impressionniste,** il emmène toujours ses amis de passage à Paris au musée d'Orsay.

3. **Sachant que tu n'étais pas là,** j'ai laissé le paquet chez la concierge.

B/ *Exemple :*
La pluie tombant, nous avons attendu pour sortir.
⟶ **Comme la pluie tombait,** nous avons attendu pour sortir.

1. **La date de l'examen approchant,** les étudiants travaillent beaucoup.

2. **La vie étant très chère à Paris,** Jennifer travaille comme jeune fille au pair.

3. **Un touriste manquant à l'appel,** le car a dû attendre pour repartir.

12. Établir un rapport de cause entre les deux phrases selon les indications données entre parenthèses :

1. Je vais reprendre de ton gâteau ; il est délicieux. *(car)*

2. Il est très sportif ; il boit peu d'alcool. *(comme)*

3. Les musées nationaux sont fermés le mardi ; le professeur emmènera ses étudiants au Louvre un autre jour. *(puisque)*

4. Il jouait au ballon dans la cour ; il a cassé un carreau. *(gérondif)*

5. Il déjeune tous les jours dans un restaurant végétarien ; il déteste la viande. *(parce que)*

6. L'agent de police m'a renseigné ; j'ai trouvé facilement la rue Saint-Charles. *(grâce à)*

7. Il a gelé ; des tuyaux ont éclaté dans l'immeuble. *(à cause de)*

8. Cette pièce de théâtre a beaucoup de succès ; il y aura des représentations supplémentaires. *(étant donné)*

9. Cet étudiant a été exclu de l'examen ; il avait triché. *(en effet)*

10. On lui a refusé son visa ; il n'avait pas tous les papiers nécessaires. *(sous prétexte que)*

13. **Compléter les phrases suivantes :**

1. Parlez un peu plus fort car . . . .

2. Puisque, lundi prochain, ce sera le 1er mai . . . .

3. Ils n'ont pas d'animaux chez eux parce que . . . .

4. Comme . . . ., ce musée ne peut pas exposer tous les tableaux qu'il possède.

5. Elle a cassé sa caméra en . . . .

6. Grâce à son excellente mémoire, ...

7. Ne sors pas sans écharpe à cause de . . . .

8. La représentation de *L'Avare* dans la Cour Carrée du Louvre a été annulée en raison de . . . .

9. En voulant réparer un carreau cassé, ...

10. La vente des ordinateurs a beaucoup augmenté ; en effet . . . .

Chapitre 24

L'expression de la conséquence

```
1. 2. 3.   Propositions subordonnées
4. 5.      Autres moyens d'exprimer la conséquence
6.         Révision
7.         Infinitif ou proposition subordonnée au subjonctif
```

1.   **Mettre le verbe entre parenthèses au mode et au temps convenables :**

A/   1.   Pascal avait beaucoup de fièvre, si bien que sa mère *(appeler)* le médecin.

   2.   Il parle français avec un fort accent, si bien qu'on le *(comprendre)* mal.

   3.   La végétation a envahi ce jardin abandonné de sorte qu'on ne *(pouvoir)* plus y entrer.

   4.   Le TGV est un train très rapide, si bien que vous *(être)* à Dijon avant midi, et que nous *(pouvoir)* déjeuner ensemble.

   5.   Il y a eu un coup d'État, de sorte qu'on *(évacuer)* tous les ressortissants étrangers.

B/   1.   *La Joconde* est un tableau si célèbre que tous les touristes *(vouloir)* le voir.

   2.   Cette nuit, le vent a soufflé tellement fort que plusieurs arbres *(être)* déracinés.

   3.   Nos voisins écoutent de la musique si tard qu'ils nous *(empêcher)* de dormir.

   4.   La circulation dans Paris est parfois tellement difficile qu'il *(valoir)* mieux prendre le métro.

C/   1.   Vous fumez tant qu'un jour vous *(tomber)* malade.

   2.   Mon fils a tellement grandi qu'il ne *(pouvoir)* plus mettre ce blouson.

   3.   La main du vieux monsieur tremblait tellement qu'il *(renverser)* son café sur son pantalon.

D/   1.   Il nous a raconté tellement d'histoires drôles que nous en *(être)* malades de rire.

       2.   Nous avons pris tant de photos pendant notre voyage en Sicile que nous ne *(pouvoir)* pas vous les montrer toutes ce soir.

E/   1.   Bonaparte avait une telle ambition qu'il *(devenir)* empereur.

       2.   Cette entreprise a de telles difficultés financières qu'elle *(devoir)* licencier une partie de son personnel.

       3.   Cette année-là, il fit un tel froid que le Grand Canal de Versailles *(geler)*.

2.   Compléter les phrases suivantes :

    1.   Ces 30 kilomètres à pied m'ont . . . fatigué que je vais me coucher !

    2.   Elle a . . . livres qu'elle ne sait plus où les ranger.

    3.   Il a . . . insisté qu'il a fini par obtenir ce qu'il voulait.

    4.   La fenêtre a claqué . . . violemment qu'un carreau s'est cassé.

    5.   Les enfants font un . . . bruit que je n'arrive pas à travailler.

    6.   Rémy a passé une nuit blanche ; il est . . . fatigué qu'il dort debout.

    7.   Ce chocolat était . . . chaud que je me suis brûlé en le buvant.

    8.   En France, il y a . . . fromages qu'on ne peut pas tous les connaître.

    9.   Cet endroit est . . . agréable qu'on aimerait y passer des vacances.

   10.   Ce garagiste a . . . travail qu'il devrait engager un deuxième mécanicien.

3.   Compléter les phrases suivantes :

    1.   Jérôme et Sylvie aiment tellement le cinéma que . . . .

    2.   Emmanuelle était si jolie que . . . .

    3.   Nous avions oublié de fermer les fenêtres, si bien que . . . .

    4.   Les deux élèves bavardaient tant que . . . .

    5.   Le mois dernier, j'ai eu un tel travail que . . . . et que . . . .

    6.   Il y avait tant de monde à la banque que . . . .

    7.   L'enfant a eu si peur que . . . .

    8.   Il y a un tel brouillard que . . . .

4.   Compléter les phrases suivantes :

Exemple :
Il n'arrivait pas, **alors** . . . .
    ⟶   Il n'arrivait pas, **alors** je me suis décidé à partir.

1. Il n'y avait plus de places pour *La Cantatrice chauve* de Ionesco, samedi soir, **alors** . . . .

2. Cette année, le 14 juillet tombe un samedi, **donc** . . . .

3. Certains poèmes de Prévert sont très simples, **c'est pourquoi** . . . .

4. Il va y avoir des travaux sur l'autoroute du Sud, **par conséquent** . . . .

5. Je n'avais plus d'argent, **donc** . . . .

6. J'ai eu la grippe, **c'est pour cela que** . . . .

*5. **Transformer les phrases suivantes selon le modèle donné :**

Le problème de mathématiques était si difficile que personne n'a su le faire.
 ⟶ *Personne n'a su faire le problème de mathématiques, **tellement** il était difficile.*

1. Ce livre était si passionnant que je l'ai lu en une nuit.

2. Il y avait tellement de monde à l'exposition Matisse que j'ai renoncé à la voir.

3. Il a tant de travail qu'il ne pourra pas prendre de vacances.

4. Adrien skiait si bien qu'on le prenait pour un moniteur.

5. Il a tellement vieilli que je ne l'ai pas reconnu.

6. **Faire des phrases en établissant un rapport de conséquence. Employer les constructions les plus variées :**

Exemple :
Aimer jouer aux échecs - aller trois fois par semaine dans un club.
 ⟶ Il aime tellement jouer aux échecs qu'il va trois fois par semaine dans un club.

1. Être sympathique - avoir beaucoup d'amis.

2. Pleurer - avoir les yeux rouges.

3. Avoir beaucoup de temps libre - faire beaucoup de sport.

4. Avoir très faim - manger une énorme assiette de spaghetti.

5. Mal gérer une entreprise - faire faillite.

6. Avoir très envie de dormir - se coucher à 9 heures.

7. Avoir couru très vite - être tout essoufflé.

8. Avoir beaucoup de bagages - prendre un taxi.

9. Avoir cueilli beaucoup de fleurs - faire plusieurs bouquets.

10. Être resté longtemps sur la plage - avoir des coups de soleil.

*7. **Relier les phrases suivantes en imitant les exemples donnés :**

A/ *Le directeur est **trop** occupé, il ne peut pas vous recevoir.*
    ⟶ *Le directeur est **trop** occupé **pour** pouvoir vous recevoir.*

1. L'enfant est trop petit ; il n'atteint pas le bouton de la sonnette.

2. Je n'ai pas assez d'argent, je ne peux pas t'en prêter.

3. Il fait trop chaud ; on ne jouera pas au tennis.

4. Mon frère ne travaille pas assez ; il ne réussira pas son baccalauréat.

5. Ma grand-mère est trop âgée ; elle ne peut pas rester seule dans son appartement.

6. Cet enfant est assez raisonnable ; il va tout seul à l'école.

B/ *Le directeur est **trop** occupé ; nous ne le dérangerons pas.*
    ⟶ *Le directeur est **trop** occupé **pour que** nous le dérangions.*

1. Cet enfant n'est pas assez raisonnable ; ses parents ne le laissent pas aller seul à l'école.

2. Il y a trop de bruit ; je ne peux pas t'entendre.

3. Cette robe coûte trop cher ; je ne l'achèterai pas.

4. Il n'a pas assez d'expérience ; on ne lui confiera pas ce poste.

5. Il a assez neigé ; on peut ouvrir toutes les pistes de la station.

6. Cette piscine est assez grande ; on y organise des compétitions internationales.

Chapitre 25

L'expression du but

1. Mettre le verbe entre parenthèses au mode et au temps convenables :

1. L'agent de police fait signe aux voitures de s'arrêter afin que les piétons *(pouvoir)* traverser sans danger.

2. Ils ont fermé la porte de crainte qu'on *(ne) (entendre)* leur conversation.

3. J'ai baissé le gaz sous les pommes de terre sautées de peur qu'elles *(ne) (brûler)*.

4. Commencez votre travail tout de suite pour que tout *(être)* fini avant 3 heures et demie et que nous *(aller)* au cinéma à la séance de 4 heures !

5. Le caissier vérifie toujours ses comptes afin qu'il n'y *(avoir)* pas d'erreurs.

6. Rentre tôt pour que nous *(avoir)* le temps de faire les courses avant le dîner !

2. Compléter les phrases suivantes par l'une des conjonctions suivantes *pour que / afin que* ou *de peur que / de crainte que* :

1. Nous avons enlevé tous les meubles . . . les peintres puissent travailler.

2. Je laisserai mon adresse de vacances à mes parents . . . ils fassent suivre mon courrier.

3. On a remplacé les sculptures de l'Arc de Triomphe par des copies . . . elles (ne) s'abîment.

4. J'ai fait un petit plan du quartier à Marc . . . il ne se perde pas en sortant de la gare.

5. Il est interdit d'allumer des feux dans les forêts des Landes . . . il (n') y ait des incendies.

6. Il est interdit d'allumer des feux dans les forêts des Landes . . . il n'y ait pas d'incendies.

3.   **Relier les phrases suivantes :**

A/   *Exemples :*
Les Picard nous ont écrit. Ils nous annoncent leur arrivée.
━━➤ Les Picard nous ont écrit **pour/afin de** nous annoncer leur arrivée.
Les Picard nous ont écrit. Nous sommes au courant de leurs projets de vacances.
━━➤ Les Picard nous ont écrit **pour que/afin que** nous soyons au courant de leurs projets de vacances.

1.   J'ai pris rendez-vous chez le coiffeur. Je me ferai couper les cheveux.

2.   J'ai pris rendez-vous chez le coiffeur. Il me coupera les cheveux.

3.   Elle a travaillé tout l'été comme serveuse. Elle paiera ses études.

4.   Le dimanche, la circulation est interdite aux voitures devant Notre-Dame de Paris. Les touristes peuvent se promener tranquillement.

5.   Il lit *Le Monde*, le *Times*, le *Spiegel*. Il a une vue plus large de la politique internationale.

6.   L'autocar s'est arrêté. Les touristes photographient le paysage.

B/   *Exemples :*
La vieille dame tient la rampe. Elle **a peur de** tomber.
━━➤ La vieille dame tient la rampe **de peur de** tomber.
Elle a ajouté une couverture sur le lit de son fils. Elle **a peur qu'**il (n') ait froid.
━━➤ Elle a ajouté une couverture sur le lit de son fils **de peur qu'**il (n') ait froid.

1.   Nous rentrons les géraniums en hiver ; nous avons peur qu'ils (ne) gèlent.

2.   Roland se dépêche ; il a peur de manquer son train.

3.   Jacques n'ose pas dire à ses parents qu'il a abîmé la voiture ; il a peur que son père (ne) se mette en colère.

4.   Je ne vous ai pas téléphoné hier ; j'avais peur de vous déranger.

4.   **Transformer les phrases suivantes selon l'exemple donné :**

*Mon voisin ferme ses rideaux **pour qu'**on ne le voie pas.*
   *━━➤ Mon voisin ferme ses rideaux **pour** ne pas être vu.*

1.   Cet acteur porte des lunettes dans la rue pour qu'on ne le reconnaisse pas.

2.   Je ferme toujours les volets de crainte que le jour (ne) me réveille.

3.   Le petit Martin n'osait rien faire de peur que ses camarades (ne) le critiquent.

4.   Elle a dû remplir tout un dossier pour qu'on l'admette dans cette école.

5.   Ce gâteau n'est pas fait pour qu'on le regarde mais pour qu'on le mange.

6.   Les hommes politiques promettent beaucoup de choses pour qu'on les élise.

5. **Compléter les phrases suivantes :**

1. Arrête-toi à la poste pour . . . .

2. Cécile doit finir sa dissertation et elle s'est enfermée dans sa chambre pour que
. . . .

3. . . . . de peur d'être en retard.

4. L'enfant cache ses jouets de peur que . . . .

5. . . . . pour avoir des places au Théâtre de l'Odéon.

6. Je passe généralement par le jardin du Luxembourg pour . . . .

7. J'ai fait venir l'électricien pour que . . . .

8. A Paris, certains magasins restent ouverts le soir jusqu'à 22 heures pour que . . . .

9. . . . . afin d'informer les étudiants sur l'organisation des cours.

10. On a coupé l'électricité pendant les travaux de crainte que . . . .

6. **Transformer les phrases suivantes selon l'exemple donné :**

*J'ai fait venir un plombier **pour installer** ma machine à laver.*
⟶ *J'ai fait venir un plombier **pour l'installation** de ma machine.*

1. J'ai payé 1 500 francs pour louer cette voiture.

2. Ils ont emprunté de l'argent pour acheter leur appartement.

3. Pour assurer votre voiture, adressez-vous à la Compagnie X !

4. La France et le Québec ont signé un accord pour développer leurs échanges culturels et commerciaux.

5. Les doubles fenêtres sont très utiles pour se protéger contre le froid.

6. Les péniches sont utilisées pour transporter des matériaux comme le charbon et le sable.

Chapitre 26

L'expression du temps

1. **Compléter les phrases par la préposition qui convient :**

A/ *Depuis* ou *il y a* :

1. Je t'attends . . . une heure.

2. Elle m'a téléphoné . . . une heure.

3. Nous connaissons la famille Martin . . . cinq ans.

4. Ils se sont mariés . . . un an.

5. Ils sont mariés . . . un an.

B/ *Dès* ou *depuis* :

1. . . . mon arrivée à Paris, j'ai téléphoné à mes parents pour leur dire que tout allait bien.

2. . . . mon arrivée à Paris, je suis un cours de français.

3. . . . la fin des classes, nous partirons en Bretagne avec les enfants.

4. . . . la fin des cours, j'ai enfin le temps d'aller au cinéma.

5. J'ai très mal aux dents ; j'irai chez le dentiste . . . demain.

6. Nous avons sympathisé . . . notre première rencontre.

C/   **Dans** ou **en** :

1.   . . . combien de temps serons-nous en vacances ?

2.   Il a fait l'aller et retour . . . quarante-huit heures.

3.   Sur la porte du magasin, il y avait une petite pancarte qui disait : « Je reviens . . . cinq minutes ».

4.   Elle a tricoté ce chandail . . . huit jours.

D/   **Pendant** ou **pour** :

1.   Attends-moi s'il te plaît, j'en ai . . . cinq minutes.

2.   Je t'ai attendu . . . plus de deux heures.

3.   Ils sont partis en vacances . . . trois semaines et ils doivent rentrer à la fin du mois.

4.   Le médecin m'a dit de prendre un comprimé par jour . . . trois semaines.

5.   Ma sœur et son mari sont à Paris . . . quelques jours ; ensuite ils iront sur la Côte d'Azur.

6.   La chaudière est tombée en panne, et nous sommes restés sans chauffage . . . trois jours.

2.   **Répondre aux questions suivantes en employant une des trois expressions données :** *Il y a (avait)* . . . *que, depuis, ça fait (faisait)* . . . *que* :

1.   Depuis combien de temps attendez-vous l'autobus ?

2.   Depuis combien de temps étudiez-vous le français ?

3.   Depuis combien de temps ont-ils quitté leur pays ?

4.   Depuis combien de temps le champagne est-il au réfrigérateur ?

5.   Depuis combien de temps se connaissaient-ils quand ils se sont mariés ?

6.   Depuis combien de temps étiez-vous au courant de cette affaire ?

3.   **Compléter le texte avec les adverbes suivants :**

autrefois, d'abord, enfin, puis, ensuite

      Dimanche dernier, les enfants ont voulu visiter le Quartier latin. . . ., je leur ai montré la place Saint-Michel, . . . nous nous sommes arrêtés un moment dans la cour de la Sorbonne ; . . . je les ai emmenés place du Panthéon ; . . ., nous avons terminé la promenade au jardin du Luxembourg. J'ai expliqué aux enfants que ce quartier s'appelle le Quartier latin parce que, . . ., l'enseignement y était donné en latin.

4. **Compléter les phrases suivantes avec une des expressions données :**

A/ *Toujours, déjà, tout le temps, quelquefois :*

1. Ne lui offre pas ce disque, elle l'a . . .

2. Finalement, Jean n'a pas déménagé ; il habite . . . rue Mouffetard.

3. Impossible de placer un mot ! Il parlait . . .

4. Mme X et Mme Y se rencontrent presque tous les jours au marché et elles bavardent . . . quelques minutes.

5. Je lis . . . des poèmes, mais je préfère les romans.

B/ *Tout à l'heure, tout à coup, tout de suite :*

1. La ligne est occupée, je rappellerai . . .

2. La mer était calme ; . . ., un vent violent s'est levé et nous sommes rentrés au port.

3. Attendez un instant ! Une vendeuse va s'occuper de vous . . .

4. J'ai appelé Martine . . ., mais elle n'était pas là.

C/ *La veille, ce jour-là, le lendemain :*

1. Ma fille a sa leçon de piano le mardi après-midi, parce que, . . ., elle sort du lycée plus tôt.

2. Samedi, nous irons visiter le Mont-Saint-Michel et nous rentrerons à Paris . . .

3. Nous sommes allés au théâtre dimanche ; j'avais réservé les places . . .

4. Je suis arrivé à Paris le 15 avril ; il pleuvait . . .

D/ *Le dimanche, dimanche dernier, dimanche prochain, le soir, ce soir :*

1. . . ., nous allons généralement marcher dans la forêt de Fontainebleau ; . . ., comme il neigeait, nous sommes restés à Paris. J'espère bien que nous pourrons y aller . . .

2. . . ., en été, nous dînions souvent sur la terrasse.

3. . . ., il y aura un excellent concert en plein air aux Tuileries.

5. **Trouver, dans la liste suivante, des expressions synonymes de celles qui sont en caractères gras :**

toutes les semaines	*chaque jour*	*un jour sur deux*
tous les mois	*chaque mois*	*un week-end sur deux*

une fois par jour	*tous les quinze jours*
une fois par semaine	*tous les trois jours*

1. Ce médecin va voir ses malades **tous les jours.**

2. Dans ma classe, on fait une dictée **tous les deux jours.**

3. Nous allons passer le week-end à la campagne **une semaine sur deux.**

4. Mon mari va à Marseille pour son travail **une fois par mois.**

5. Sébastien écrit à ses parents **chaque semaine.**

6. J'ai une femme de ménage qui vient **un jour sur trois.**

6. **Imiter les phrases suivantes en utilisant les groupes de mots donnés :**

1. **Il faut** cinq minutes **pour** préparer une omelette.

   apprendre une langue.
   aller de la Sorbonne à Notre-Dame.
   développer des photos.

2. **J'ai mis** une heure **à** faire ma rédaction.

   trouver un appartement.
   rédiger sa thèse.
   trouver une place pour ma voiture.

3. **Il a passé** la soirée **à** discuter avec des amis.

   répondre à des cartes de vœux.
   regarder la télévision.
   ranger sa chambre.

4. **J'ai** une demi-heure **pour** faire ma valise.

   relire votre copie.
   confirmer cette réservation.
   prendre ta décision.

7. **Mettre le verbe entre parenthèses au temps convenable de l'indicatif :**

A/ 1. Pendant que nous *(être)* en vacances, notre voisine arrosera nos plantes.

2. Nous avons visité la ville à pied pendant que le garagiste *(réparer)* la voiture.

3. Quand je *(être)* étudiante, il m'arrivait de manquer des cours.

4. Lorsque la guerre *(éclater)*, il venait de commencer ses études.

5. Tant qu'il y *(avoir)* de la vie, il y a de l'espoir.

6. Le temps froid et humide durera aussi longtemps que les basses pressions *(rester)* sur le pays.

7. Chaque fois qu'il me *(voir)*, il me racontait sa vie.

8. La voiture est tombée en panne alors que nous *(être)* à 10 kilomètres de la maison.

9. Au moment où je *(aller)* sortir, une de mes amies est arrivée.

10. Son inquiétude grandissait à mesure que le temps *(passer)*.

11. Depuis que Patrick ne *(fumer)* plus, il se porte beaucoup mieux.

12. Maintenant que les enfants *(être)* grands, ils vont à l'école tout seuls.

B/ 1. Dès que mon père *(finir)* de dîner, il se plongeait dans le journal.

2. Aussitôt que les enfants *(prendre)* leur bain, ils vont se coucher.

3. Il faudra tout ranger une fois que les invités *(partir)*.

4. Les soirs d'hiver, après que nous *(dîner)*, ma grand-mère nous racontait des histoires.

5. Quand nous *(corriger)* la dictée, nous ferons des exercices de grammaire.

6. Depuis qu'il *(s'arrêter)* de fumer, il tousse moins.

7. On ne vous remboursera pas tant que vous ne *(envoyer)* pas les papiers nécessaires.

8. Dès que tu *(lire)* ce livre, rends-le moi !

C/ 1. Dès que le feu *(devenir)* vert, les voitures démarraient.

2. Dès que Camille *(avoir)* des ennuis, elle téléphone à sa mère.

3. Il partira pour les États-Unis aussitôt qu'il *(obtenir)* son visa.

4. Je lui transmettrai votre message lorsqu'il *(rentrer)*.

5. Quand vous *(consulter)* ce dictionnaire, remettez-le à sa place.

6. Dès qu'il y *(avoir)* un rayon de soleil, la chatte s'installe sur le balcon.

*D/ 1. Dès que la jeune femme *(écrire)* la lettre, elle la mit sous enveloppe et sortit précipitamment.

2. Une fois qu'on *(repérer)* le lieu de l'accident, on envoya un hélicoptère pour tenter de sauver les deux alpinistes.

3. Le concert commença après que les musiciens *(accorder)* leurs instruments.

4. « Dès qu'on *(rentrer)* au Domaine, commença, derrière la ferme, dans une grande prairie en pente, la course des poneys. » *(Alain-Fournier)*

8. **Mettre le verbe entre parenthèses au temps convenable du subjonctif :**

1. En attendant que sa voiture *(être)* réparée, il allait au bureau en métro.

2. Répétez ce mot jusqu'à ce que vous le *(prononcer)* correctement !

3. Dépêchez-vous de vous inscrire avant qu'il *(ne) (être)* trop tard !

4. Je voudrais bien vous voir avant que vous *(ne) (partir)*.

5. Allons prendre un café en attendant que Paul *(revenir)* !

6. Les syndicats ont décidé de poursuivre la grève jusqu'à ce que les négociations *(reprendre)*.

9. **Mettre le verbe entre parenthèses au mode et au temps convenables :**

1. Au moment où l'orage *(éclater)*, nous étions assis à la terrasse d'un café.

2. Pendant que nous *(survoler)* la Manche, nous avons aperçu les côtes de la Grande-Bretagne.

3. La sonnette marche mal ; insistez jusqu'à ce qu'on *(venir)* vous ouvrir.

4. Maintenant que je *(être)* majeur, je peux voter.

5. Le temps s'est gâté alors que nous *(traverser)* le Morvan.

6. Depuis que cet écrivain *(obtenir)* le prix Goncourt, la vente de ses livres a doublé.

7. Reprenez du potage avant qu'il *(ne) (refroidir)* !

8. Les enfants sont de plus en plus excités à mesure que Noël *(approcher)*.

9. Nous avons prêté de l'argent à Éric en attendant qu'il *(recevoir)* sa bourse.

10. Une fois que tu *(apprendre)* cette fable de La Fontaine, tu me la réciteras.

11. Quand il *(faire)* beau et que je ne *(travailler)* pas, je vais à la piscine.

12. Tant que les enfants *(être)* petits et qu'ils ne *(aller)* pas à l'école, beaucoup de mères restent à la maison.

*10. **Compléter les phrases suivantes par les conjonctions :**

avant que, depuis que, au moment où, à mesure que, tant que, dès que, jusqu'à ce que

1. Rentre le linge qui sèche dehors . . . il (ne) pleuve !

2. . . . nous avancions vers le sud, le paysage devenait de plus en plus sauvage.

3. Revoyez vos conjugaisons . . . vous les sachiez parfaitement !

4. Revoyez vos conjugaisons . . . vous ne les saurez pas !

5. . . . il y aura un peu plus de soleil, j'irai à la plage.

6. . . . le tunnel sous le mont Blanc est ouvert, le trafic routier a beaucoup augmenté.

7. Les difficultés économiques dureront . . . le gouvernement ne prendra pas de mesures énergiques.

8. . . . le conducteur démarrait au feu vert, un enfant a traversé la rue en courant.

9. . . . il a son permis de conduire, son père lui prête sa voiture.

10. . . . il aura son permis de conduire, son père lui prêtera sa voiture.

11.

A/ **Remplacer les propositions subordonnées par un groupe nominal :**

Exemple :
Quand le cours est fini, les étudiants se retrouvent au café.
⟶ **A la fin du cours,** les étudiants se retrouvent au café.

1.   **Avant que Caroline (ne) naisse,** sa mère travaillait à plein temps.

2.   Nous vous préviendrons **dès que nous aurons reçu votre commande.**

3.   **En attendant que la salle de théâtre soit modernisée,** les spectacles ont lieu dans un cinéma voisin.

4.   « Cocorico », chante le coq, **quand le soleil se lève.**

5.   **Depuis qu'on a inventé le téléphone,** les gens s'écrivent beaucoup moins.

6.   **Pendant qu'on discutait ce projet de loi,** une manifestation avait lieu devant la Chambre des Députés.

7.   **Lorsque nous sommes arrivés à Cannes,** nous avons eu beaucoup de mal à trouver un hôtel.

8.   **Dès qu'Anne sera rentrée,** nous nous mettrons à table.

B/   **Remplacer les groupes nominaux par une proposition subordonnée de même sens :**

Exemple :
Les alpinistes sont partis **avant le lever du soleil.**
  ⟶   Les alpinistes sont partis **avant que le soleil (ne) se lève.**

1.   **Depuis mon arrivée à Paris,** il pleut sans cesse.

2.   **Après votre départ,** on vous regrettera.

3.   **Dès le début du film,** je me suis rendu compte qu'il était mauvais.

4.   N'oublie pas de me téléphoner **dès ton retour** !

5.   Les passagers doivent attacher leur ceinture et éteindre leur cigarette **avant le décollage de l'avion.**

6.   **Pendant notre séjour en Italie,** nous avons mangé toutes sortes de pizzas.

7.   **A chaque faute,** on vous enlève un point.

8.   Ils ont joué au football **jusqu'à la tombée de la nuit.**

9.   **Avant la réunion du Conseil des ministres,** le Président a reçu le Premier ministre.

10.   **A sa sortie de clinique,** il est parti se reposer à la montagne.

*C/   **Remplacer les groupes de mots en caractères gras par une proposition subordonnée (le verbe doit être à la forme passive) :**

Exemple :
Depuis sa guérison, ma tante a recommencé à jouer au tennis.
  ⟶   **Depuis qu'elle est guérie,** ma tante a recommencé à jouer au tennis.

1.   **Dès l'ouverture de la chasse,** M. Lelièvre passe tous les week-ends en Sologne.

2.   **Depuis la fermeture de cette entreprise,** le chômage a beaucoup augmenté dans cette région.

3.   **A la fin de l'automne,** les jardiniers ramassent les feuilles mortes.

4. **Depuis la découverte d'un gisement de pétrole,** l'économie de ce pays s'est transformée.

5. **Dès l'achèvement des travaux sur l'autoroute,** la circulation sera rétablie sur les deux voies.

*12. **Remplacer les groupes de mots en caractères gras par une proposition subordonnée de même sens :**

Exemple :
Une fois le gâteau cuit, tu le sortiras du four.
——➤ **Quand le gâteau sera cuit,** tu le sortiras du four.

1. **Les examens terminés,** les étudiants partent en vacances.

2. **Une fois les valises défaites,** il faudra les monter au grenier.

3. **Une fois mis au point,** cet appareil sera commercialisé.

4. **La lumière éteinte,** les enfants s'endormaient.

5. **Une fois le spectacle commencé,** les retardataires sont priés d'attendre l'entr'acte pour entrer dans la salle.

13.

A/ **Relier les phrases suivantes en utilisant l'infinitif précédé de *avant de* ou *au moment de* :**

Exemple :
Compostez votre billet et vous monterez dans le train !
——➤ Compostez votre billet **avant de monter** dans le train !

1. Il lit toujours ; ensuite il s'endort.

2. Elle allait s'engager sur l'autoroute ; à ce moment-là, elle a entendu à la radio qu'il y avait un bouchon à la hauteur de Troyes.

3. Demandez-lui son avis ; vous prendrez votre décision ensuite.

4. J'allais sortir ; à ce moment-là, je me suis aperçu que j'avais oublié de fermer les fenêtres.

B/ **Dans les phrases suivantes, la transformation infinitive n'est pas toujours possible ; en ce cas, utiliser pour relier les phrases l'une des conjonctions suivantes : *au moment où, avant que, en attendant que* :**

1. Elle allait partir ; le téléphone a sonné à ce moment-là.

2. Dépêchez-vous de rentrer. Il va faire nuit.

3. Relisez votre dictée ; puis vous me la rendrez.

4. Les invités n'étaient pas tous là ; nous avons pris l'apéritif en attendant.

5. Je coupe toujours un peu les tiges des roses et je les mets dans un vase.

6. Il allait payer ; à ce moment-là, il n'a pas retrouvé son porte-monnaie.

14.

A/ **Relier les deux phrases en employant la préposition *après* suivie de l'infinitif passé :**

Exemple :
La chatte boit son lait ; après elle aime dormir sur un coussin.
⟶ **Après avoir bu** son lait, la chatte aime dormir sur un coussin.

1. Je ferai ma rédaction au brouillon ; après je la recopierai.
2. Réfléchissez ! Après, vous répondrez.
3. Nous avons vu ce film ; après nous en avons discuté avec des amis.
4. Ils se baignent ; après, ils s'allongent sur le sable au soleil.
5. On traverse les monts d'Auvergne ; après, on descend sur les grands plateaux calcaires des Causses.

NB. Voir également le chapitre 20 sur l'infinitif.

*B/ **Dans les phrases suivantes, la transformation infinitive n'est pas toujours possible ; en ce cas, utiliser pour relier les phrases l'une des conjonctions suivantes : *une fois que, quand, après que, dès que* :**

1. Elle a lavé son chandail ; après elle l'a mis à sécher sur un cintre.
2. Le professeur lit une phrase ; ensuite, les étudiants la répètent.
3. La cloche sonnait ; les élèves se précipitaient dans la cour de récréation.
4. Nous sommes allés au théâtre ; puis nous avons soupé chez *Maxim's*.
5. L'enfant termine sa sieste et sa grand-mère l'emmène au parc Monceau.

15.

A/ **Transformer les phrases suivantes en utilisant un gérondif :**

Exemple :
Elle fait ses devoirs et elle écoute de la musique en même temps.
⟶ Elle fait ses devoirs **en écoutant de la musique.**

1. Nous avons rangé la cuisine et nous avons bavardé en même temps.
2. Ma mère regarde la télévision et elle tricote en même temps.
3. Il faisait ses études et il travaillait en même temps.
4. Nous admirions le coucher de soleil et nous marchions sur la plage en même temps.
5. La jeune fille surveillait les enfants et feuilletait une revue en même temps.

B/ **Remplacer les propositions subordonnées par un gérondif :**

Exemple :
Quand l'enfant a vu ses parents, il a cessé de pleurer.
⟶ **En voyant ses parents,** l'enfant a cessé de pleurer.

1. **Quand je suis sortie du métro,** je suis tombé sur un vieil ami d'enfance.

2. **Quand tu passeras devant la poste,** tu mettras ma lettre à la boîte.

3. N'oubliez pas de prévenir **quand vous partirez** !

4. La porte grince **quand elle s'ouvre.**

5. **Quand je suis allé à Marseille,** je me suis arrêté vingt-quatre heures à Lyon.

16. **Compléter les phrases suivantes :**

A/ 1. Reste ici jusqu'à ce que . . . . et que . . . .

2. Chaque fois que . . . ., il nous offre des fleurs.

3. On lui a volé sa voiture pendant que . . . .

4. Je prends un taxi quand . . . .

5. Une fois qu'il sera à la retraite, ...

6. Depuis que Vincent s'est cassé la jambe, ...

7. Il s'installe devant la télévision dès que . . . .

8. J'ai beaucoup d'amis maintenant que . . . .

9. Dépêche-toi de ranger ta chambre avant que . . . .

10. Alors que nous étions en train de dîner . . . .

11. Depuis que . . . . et que . . . ., elle a grossi de 3 kilos.

12. Quand . . . . et que . . . ., nous aimions faire de la planche à voile.

B/ 1. En sortant de l'école, ...

2. En me promenant, ...

3. En faisant du sport, ...

4. Ne fumez pas en . . . .

C/ 1. Vérifie que ton passeport est valable avant de . . . .

2. Si vous ne voulez pas faire la queue dans les magasins, faites vos achats de Noël avant . . . .

3. On regardera la télévision après . . . .

4. J'ai fait la connaissance de ce journaliste pendant . . . .

5. Je te rejoindrai après . . . . mon travail.

Chapitre 27

L'expression de l'opposition

1. 2. 3.	Propositions subordonnées
4. 5. 6. 7.	Propositions subordonnées ou préposition + nom ou infinitif
8. 9. 10.	Autres moyens d'exprimer l'opposition
11.	Révision

1. **Récrire les phrases suivantes en employant la conjonction _bien que_ :**

Exemple :
Il pleut mais je sortirai.
⟶ Bien qu'il pleuve, je sortirai.

1. Anne est grippée mais elle veut absolument passer son examen.

2. Xavier a étudié l'allemand à l'école mais il le parle mal.

3. Les Masson n'ont pas beaucoup d'argent mais ils changent de voiture chaque année.

4. J'ai beaucoup de choses à faire mais je vais rester encore un peu avec vous.

5. Il est 9 heures mais il n'y a que deux étudiants dans la classe.

2. **Mettre le verbe entre parenthèses au mode et au temps convenables :**

A/ 1. Bien que la Loire *(être)* un grand fleuve, elle n'est pas navigable.

2. Quelqu'un fumait dans le couloir bien que cela *(être)* interdit.

3. Cette plante verte semble manquer d'eau bien que je la *(arroser)* ce matin.

4. Je t'accompagnerai au cinéma bien que je *(voir)* déjà ce film.

5. Le gouvernement a bloqué les traitements des fonctionnaires quoique cette mesure *(être)* impopulaire.

6. Quoiqu'il *(faire)* déjà beaucoup de démarches, il n'a pas encore obtenu de permis de travail.

7. Nous irons en Normandie le week-end prochain à moins qu'il *(ne) (faire)* trop froid.

8. J'annoncerai la nouvelle à Sylvie à moins que tu *(ne) (vouloir)* le faire toi-même.

9. Ses amis ont préparé une fête pour son anniversaire sans qu'il le *(savoir)*.

10. André et Michèle sont partis sans que je *(avoir)* le temps de bavarder avec eux.

*B/

1. Quoi qu'on *(faire)*, il y a toujours des gens mécontents.

2. Tu peux compter sur moi, quoi qu'il *(arriver)*.

3. Mon mari voyage beaucoup ; où qu'il *(aller)*, il me rapporte toujours un petit cadeau.

4. Où que je *(être)*, je fais un quart d'heure de gymnastique tous les matins.

5. Quoi que vous en *(penser)*, je vous assure que je dis la vérité.

6. Dans ce nouveau théâtre, où que l'on *(être)* placé, on voit très bien.

C/

1. Molière a écrit des comédies tandis que Corneille et Racine *(écrire)* des tragédies.

2. Camille est très sportive tandis que sa sœur, elle, ne le *(être)* pas du tout.

3. On lui donnerait trente-cinq ans alors qu'il en *(avoir)* dix de plus.

4. David n'a pas encore commencé à réviser alors qu'il *(devoir)* passer son examen dans une semaine.

5. L'agent de police m'a fait signe de m'arrêter alors que je *(rouler)* à la vitesse réglementaire : c'était un simple contrôle d'identité.

6. Je ne viendrai pas même si vous *(insister)*.

7. En vacances, même s'il *(faire)* mauvais temps, les enfants jouaient dehors.

*3. **Compléter les phrases suivantes par *sans que, quoi que, même si, à moins que, tandis que, bien que* :**

1. ... la vitesse soit limitée sur les routes, il y a encore beaucoup d'accidents.

2. Les enfants sont allés au cinéma ... leurs parents le leur aient permis.

3. Sophie travaillait régulièrement ... son frère ne pensait qu'à s'amuser.

4. Tu ne me feras pas changer d'avis ... tu dises.

5. Ma grand-mère ne sortait jamais le soir ... on (ne) la ramène en voiture.

6. Dans ce parking, ... vous ne restez qu'un quart d'heure, vous devez payer l'heure entière.

4. **Récrire les phrases suivantes en employant la préposition *malgré* :**

Exemple :
Il sortira **bien qu'**il pleuve.
⟶ Il sortira **malgré** la pluie.

1. Claire doit travailler bien qu'elle soit fatiguée.

2. Bien qu'il ait quatre-vingt-dix ans, mon grand-père entend encore très bien.

3. Nous irons jouer au tennis bien qu'il fasse chaud.

4. La réunion a lieu bien que le président soit absent.

5. Bien qu'il soit timide, il a pris la parole en public.

5. **Compléter les phrases suivantes par *bien que* ou *malgré* :**

1. On peut dîner dans ce restaurant . . . il soit tard.

2. Le tunnel du mont Blanc est ouvert . . . les travaux en cours.

3. Cette vieille dame continue à conduire . . . elle ait une très mauvaise vue.

4. A la gare de Marseille, Thérèse a eu la correspondance pour Aix-en-Provence . . . le retard de son train.

5. Plusieurs bateaux de pêche sont sortis . . . la tempête.

6. **Établir un rapport d'opposition entre les phrases suivantes selon les indications données :**

Exemple :
(malgré + nom) Bernard m'a donné des indications. Je me suis trompé de chemin.
⟶ Malgré les indications de Bernard, je me suis trompé de chemin.

1. *(malgré + nom)* Il y a de grands risques d'avalanche. Il fait du ski hors piste.

2. *(en dépit de + nom)* Julien a une grande expérience professionnelle. Il n'arrive pas à trouver de travail.

3. *(au lieu de + infinitif)* Tu regardes la télévision. Tu ferais mieux de travailler.

4. *(au lieu de + infinitif)* Nous n'allons pas aux sports d'hiver. Nous passerons une semaine aux Baléares.

5. *(malgré + nom)* Véronique est partie seule en auto-stop. Ses parents le lui avaient interdit.

6. *(en dépit de + nom)* Il y a eu de longues recherches. Le navigateur perdu n'a pas pu être retrouvé.

7. *(sans + infinitif)* L'étudiant a répondu à la question. Il n'a pas réfléchi.

*7. **Relier les phrases suivantes par la conjonction *sans que* ou par la préposition *sans* :**

Exemples :
Le train de 8 h 12 va jusqu'à Lyon. Il ne s'arrête pas.
⟶ Le train de 8 h 12 va jusqu'à Lyon **sans s'arrêter.**
J'ai frappé trois fois à la porte. Personne n'est venu ouvrir.
⟶ J'ai frappé trois fois à la porte **sans que personne vienne ouvrir.**

1. L'enfant lit. Il ne comprend rien à ce qu'il lit.

2. Ils ont pris leur décision. Ils ne m'ont pas demandé mon avis.

3. Ils ont pris leur décision. Je n'ai pas pu intervenir.

4. M. Lemoine a été attaqué dans la rue. Personne n'a osé le défendre.

5. Il a été indiscret et il ne le voulait pas.

6. Mon mari a invité les Dupont. Il ne me l'a pas dit.

8. **Récrire les phrases suivantes en employant l'expression *mais . . . quand même* :**

Exemple :
Bien que j'aie beaucoup de travail, je suis allé huit jours aux sports d'hiver.
⟶ J'ai beaucoup de travail **mais** je suis allé **quand même** huit jours aux sports d'hiver.

1. Bien qu'ils soient très attachés à la maison de leur enfance, ils l'ont vendue.

2. Bien que le médecin ait déconseillé le sucre à ma tante, elle continue à manger beaucoup de pâtisseries.

3. Bien que ce travail de classement soit ennuyeux, il faut le faire.

4. Bien que je n'aime pas les réunions de famille, j'irai aux noces d'or de mes grands-parents.

5. Bien qu'il soit interdit de dépasser 130 kilomètres à l'heure sur l'autoroute, Robert roule à 180 !

9. **Transformer les phrases suivantes en utilisant les indications données :**

Exemple :
Bien que cela m'ennuie de ranger ma chambre, je le fais *(tout de même)*.
⟶ Cela m'ennuie de ranger ma chambre ; je le fais **tout de même.**

1. Bien que cette interprétation de la *Symphonie fantastique* de Berlioz soit très belle, je préfère celle de Charles Munch. *(cependant)*

2. Bien que le passé simple ne soit plus employé dans la langue parlée, il faut que vous le connaissiez. *(pourtant)*

3. Bien que mes deux fils aient des caractères très différents, ils s'entendent bien. *(mais . . . quand même)*

4. Alors que l'hiver dernier a été très doux, cette année, il y a beaucoup de neige. *(par contre)*

5. Bien que tu n'aimes pas beaucoup la peinture surréaliste, va voir l'exposition du Grand Palais. *(tout de même)*

10. **Transformer les phrases suivantes en imitant le modèle donné :**

A/ *** Bien que je parle* fort, il ne m'entend pas.**
⟶ *** J'ai beau parler* fort, il ne m'entend pas.**

1. Bien que je frotte, je n'arrive pas à faire disparaître cette tache.

2. Bien que les Dussolier habitent au bord de la mer, ils ne vont jamais à la plage.

3. Bien qu'on interdise de stationner sur les trottoirs, beaucoup de Parisiens le font.

4. Bien qu'il fasse 40° à l'ombre, Anne tient à visiter l'Acropole.

*B/ ***J'ai beau avoir fait*** *un feu dans la cheminée, la pièce reste froide.*
⟶ ***Bien que j'aie fait*** *un feu dans la cheminée, la pièce reste froide.*

1. L'élève a beau avoir relu sa dictée plusieurs fois, elle y a laissé quelques fautes.

2. Le garçon de café a beau se dépêcher, il fait attendre les clients.

3. Le gouvernement a beau avoir pris des mesures pour lutter contre le chômage, celui-ci a encore augmenté le mois dernier.

4. J'ai beau téléphoner souvent à Cécile, je ne me souviens jamais de son numéro.

11. Compléter les phrases suivantes :

1. Bien que j'aie bu beaucoup de café, ...

2. Le français est difficile, pourtant . . . .

3. Malgré le danger, ...

4. Marc n'est pas venu à mon anniversaire, alors que . . . .

5. On a beau lui dire d'être prudent, ...

6. Je n'aime pas les épinards mais . . . . quand même.

7. Même si vous envoyez ce paquet en exprès, ...

8. J'ai fait deux fois le tour du quartier sans . . . .

9. Au lieu de . . . . il est resté dans son fauteuil.

10. Jean prend des somnifères tous les soirs, cependant . . . .

11. Pierre et Joséphine arriveront vers midi à moins que . . . .

12. Il n'y a plus de jus d'orange, par contre . . . .

Chapitre 28

L'expression de la condition

1.   **Mettre le verbe entre parenthèses au mode et au temps convenables :**

A/   1.   S'il fait beau demain, nous *(aller)* à la plage.

2.   S'il faisait beau, nous *(aller)* à la plage ; malheureusement, il pleut.

3.   S'il avait fait beau hier, nous *(aller)* à la plage, mais il a plu toute la journée.

4.   L'avion ne décollera pas s'il y *(avoir)* du brouillard.

5.   L'avion ne décollerait pas s'il y *(avoir)* du brouillard.

6.   L'avion n'aurait pas décollé s'il y *(avoir)* du brouillard.

7.   Si vous travaillez, vous *(faire)* des progrès.

8.   Si vous travailliez, vous *(faire)* des progrès.

9.   Si vous aviez travaillé, vous *(faire)* des progrès.

10.   Si vous ne *(avoir)* plus de tarte aux pommes, apportez-moi une crème au caramel.

B/   1.   Si je m'absente, je *(brancher)* toujours le répondeur téléphonique.

2.   Si je m'absente demain, je *(brancher)* le répondeur téléphonique.

3.   Si je bois du thé le soir, je ne *(dormir)* pas.

4.   Si je bois du thé ce soir, je ne *(dormir)* pas.

5.   On peut voir l'étoile polaire si la nuit *(être)* claire.

6.   On pourrait voir l'étoile polaire si la nuit *(être)* claire.

7. Hier soir, on aurait pu voir l'étoile polaire si la nuit *(être)* claire.

8. Si je ne *(avoir)* pas le temps d'aller au marché, c'est mon mari qui y va.

9. Demain, si je ne *(avoir)* pas le temps d'aller au marché, c'est mon mari qui ira.

10. Quand je travaillais à plein temps, si je ne *(avoir)* pas le temps d'aller au marché, c'est mon mari qui y allait.

2. **Mettre le verbe entre parenthèses au mode et au temps convenables :**

1. Prenez de l'aspirine si vous *(avoir)* mal à la tête.

2. Si vous aviez été là, nous *(s'amuser)* beaucoup mieux.

3. Si votre réveil s'arrêtait, il *(falloir)* changer les piles.

4. Si vous *(avoir)* encore faim, resservez-vous !

5. Si un arc-en-ciel *(apparaître)*, c'est que l'orage est fini.

6. Si le bébé *(pleurer)*, je le prenais dans mes bras.

7. Si j'étais à ta place, je *(accepter)* cet emploi sans hésiter.

8. Si vous *(insister)*, vous auriez obtenu la communication.

9. Nous serions arrivés à l'heure si nous ne *(se tromper)* pas de route.

10. Si j'écoute de la musique tard le soir, je *(mettre)* toujours un casque.

11. Si tu passes un coup de fil à Simon, tu *(savoir)* la date de son arrivée à Paris.

12. Si tu as froid, *(fermer)* la fenêtre !

13. Nous sortirions plus facilement le soir si nos enfants *(être)* plus âgés.

14. Julia *(comprendre)* un peu le français si on lui parle lentement.

3. **Répondre aux questions suivantes :**

1. Que faites-vous si vous êtes libre le samedi ?

2. Que ferez-vous si vous êtes libre samedi prochain ?

3. Que feriez-vous si vous étiez libre ce soir ?

4. Qu'auriez-vous fait si vous aviez été libre samedi dernier ?

5. Que feriez-vous si on vous volait vos papiers ?

6. Que faites-vous si vous manquez le dernier métro ?

7. Qu'auriez-vous fait si vous n'étiez pas venu en France cette année ?

8. Où iriez-vous si on vous offrait un voyage ?

9. Que feriez-vous si vous étiez seul dans une ville inconnue ?

10. Que font les élèves si le professeur est absent ?

11. Que feriez-vous si vous gagniez au Loto ?

12. Qu'auriez-vous fait si vous n'aviez pas pu entrer à l'université ?

4. **Compléter les phrases suivantes par *si* ou *sinon* :**

1. Partez avant 8 heures, . . . vous serez en retard.

2. Partez avant 8 heures . . . vous ne voulez pas être en retard.

3. Mets ton manteau . . . tu attraperas froid.

4. . . . tu ne mets pas ton manteau, tu attraperas froid.

5. Il faut que tu présentes ta carte d'étudiant, . . . on ne te laissera pas entrer dans la bibliothèque de la Sorbonne.

6. On ne te laissera pas entrer dans la bibliothèque de la Sorbonne . . . tu ne présentes pas ta carte d'étudiant.

*5. **Transformer les phrases suivantes selon le modèle donné :**

*Il est occupé, **sinon** il sortirait avec vous.*
⟶ ***S'il n'était pas** occupé, il sortirait avec vous.*

1. Je ferme la fenêtre, sinon la chatte sortira sur le balcon.

2. L'année dernière, j'avais cours tous les matins à 8 heures. Je me couchais tôt, sinon je ne pouvais pas me lever.

3. Recouds ce bouton, sinon tu vas le perdre !

4. Aimez-vous la tarte au citron ? Sinon, j'achèterai une tarte aux pommes.

5. Mon frère était en Corée à ce moment-là, sinon il serait venu à mon mariage.

6. Utilisez une lessive anti-calcaire, sinon votre machine s'abîmera.

7. Je ne connais rien aux mathématiques, sinon je t'aiderais volontiers.

8. Il était myope, sinon il serait devenu pilote.

6. **Mettre le verbe entre parenthèses au mode et au temps convenables :**

1. Gilles te prêtera sa voiture à condition que tu ne *(conduire)* pas comme un fou et que tu la lui *(rendre)* samedi.

2. Le médecin a autorisé le malade à se lever à condition qu'il ne *(avoir)* plus de fièvre.

3. Le directeur examinera votre demande d'inscription à condition que vous *(compléter)* le questionnaire ci-joint et que vous le *(envoyer)* avant le 1er juin.

4. Prévenez-moi au cas où vous *(changer)* d'avis !

5. Le médecin a demandé qu'on le rappelle au cas où la fièvre ne *(baisser)* pas.

6. Il vaut mieux aller à l'aéroport par le train au cas où il y *(avoir)* des encombrements.

7. Prends des places à l'Opéra pour *Pelléas et Mélisande* de Debussy même si elles *(être)* très chères.

8. Claude *(accepter)* n'importe quel emploi même s'il devait quitter Paris.

9. Tu peux écouter de la musique, pourvu que ce ne *(être)* pas trop fort.

10. Tu peux sortir ce soir, pourvu que tu me *(dire)* où tu vas.

NB. *Pour* **comme si**, *voir le chapitre 29 sur l'expression de la comparaison.*

*7. **Relier les phrases suivantes selon les indications données en faisant les transformations nécessaires :**

Exemple :

| **Au cas où**
| J'ai acheté des jus de fruits.
| Mes amis n'aiment peut-être pas la bière.

➤ J'ai acheté des jus de fruits **au cas où** mes amis n'aimeraient pas la bière.

1. *A condition que*
   Ce médicament est bien toléré.
   On le prend au cours des repas.

2. *Au cas où*
   Vous perdez votre carte de crédit.
   Prévenez immédiatement votre banque.

3. *Pourvu que*
   Vous pouvez emporter ce livre.
   Vous me le rendrez avant la fin du mois.

4. *Même si*
   Il y aurait du vent.
   Je me baignerais quand même.

5. *Au cas où*
   Je laisserai les clés chez le concierge.
   Tu arriveras peut-être avant moi.

6. *Si*
   Vous auriez un garçon.
   Comment l'appelleriez-vous ?

7. *A condition que*
   Mon fils ne faisait pas de cauchemars.
   Nous laissions une petite lampe allumée dans sa chambre.

8. *Si*
   Le chauffeur du car aurait roulé moins vite.
   L'accident aurait été moins grave.

9. *Même si*
   Cela ne te plaît pas.
   J'irai quand même.

10. *Si*
    J'aurais le temps.
    Je suivrais des cours de théâtre.

8. Remplacer les propositions subordonnées par *en cas de + nom* ou *à condition de + infinitif :*

Exemple :
Au cas où il pleuvrait, le tournoi de tennis sera annulé.
——➤ **En cas de pluie**, le tournoi de tennis sera annulé.

1. Au cas où l'ascenseur tomberait en panne, appuyez sur le bouton rouge pour appeler le gardien.

2. Vous aurez des places au théâtre de l'Odéon à condition que vous fassiez la queue le premier jour de la location.

3. Au cas où il y aurait un incendie, fermez toutes les ouvertures et appelez les pompiers.

4. Au cas où le locataire serait absent, le facteur pourra laisser le paquet chez le gardien.

5. Les enfants sont admis dans ce club de voile à condition qu'ils sachent nager.

6. On peut préparer la maîtrise à condition qu'on ait déjà la licence.

*9. Remplacer les groupes de mots en caractères gras par une proposition subordonnée exprimant la condition :

Exemple :
Je ne pourrai pas finir cette traduction **sans ton aide.**
——➤ Je ne pourrai pas finir cette traduction **si tu ne m'aides pas**.

1. Ma sœur ne voit rien **sans ses lunettes.**

2. **Avec plus de travail,** Stéphane réussirait sûrement ses examens.

3. Vous irez plus vite **en prenant le métro.**

4. **Avec de la patience,** on arrive à tout.

5. **En lisant tous les jours les petites annonces,** vous finirez par trouver un studio à louer.

6. **En mettant de la crème,** vous n'auriez pas attrapé de coups de soleil.

7. Je n'aurais pas pu faire ces exercices **sans les explications du professeur.**

8. **En ajoutant des herbes de Provence,** tu donnerais plus de goût à cette ratatouille.

10. Compléter les phrases suivantes :

1. Je partirai même si ....

2. Si nous habitions en province, ...

3. Au cas où ...., achète-moi des timbres.

4. Nous aurions acheté cet appartement si ....

5. Si le caviar était moins cher, ...

6. Vous pourrez vous inscrire dans cette école à condition que ....

7. Si j'étais français, ...

8. Téléphonez-moi au cas où . . . .

9. Elle est toujours de bonne humeur même si . . . .

10. J'aurais regardé cette émission jusqu'au bout si . . . .

Chapitre 29

L'expression de la comparaison

1. à 4.	Comparatifs et superlatifs	12.	*Même, autre, différent*
5. 6. 7.	Structures diverses	13.	*Plus . . . plus, moins . . . moins*
8.	Révision	14.	Expressions de comparaison
9. 10. 11.	Propositions subordonnées de comparaison		avec *comme*

1. **Imiter les exemples suivants :**

A/ *Jean - grand - son frère jumeau.*

⟶ *Jean est **plus** grand **que** son frère jumeau.*
*Jean est **aussi** grand **que** son frère jumeau.*
*Jean est **moins** grand **que** son frère jumeau.*

1. Le temps d'aujourd'hui - beau - le temps d'hier.

2. La vie en France - chère - la vie dans votre pays.

3. Le vin rouge - bon - le vin blanc.

4. Les Français - parler vite - les Italiens.

5. Sophie - bien connaître Paris - moi.

B/ *La France - avoir des habitants - votre pays.*

⟶ *La France a **plus d'**habitants **que** mon pays.*
*La France a **autant d'**habitants **que** mon pays.*
*La France a **moins d'**habitants **que** mon pays.*

1. Véronique - avoir des amis étrangers - Élisabeth.

2. Mon mari - gagner de l'argent - moi.

3. Les garçons - faire du sport - les filles.

4. Cette épicerie - avoir des clients - celle-là.

C/ *Les provinciaux - regarder la télévision - les Parisiens.*

> *Les provinciaux regardent **plus** la télévision **que** les Parisiens.*
> *Les provinciaux regardent **autant** la télévision **que** les Parisiens.*
> *Les provinciaux regardent **moins** la télévision **que** les Parisiens.*

1. L'hiver dernier - neiger - cet hiver.

2. Gabriel - travailler - Michel.

3. Les jeunes - voyager - les retraités.

2. **Imiter l'exemple suivant :**

*Mozart est-il **plus connu** que les autres compositeurs ?*

> *Oui, c'est le compositeur **le plus** connu.*
> *Oui, c'est **le plus** connu **des** compositeurs.*

1. Est-ce que l'avenue des Champs-Élysées est plus célèbre que les autres avenues parisiennes ?

2. Est-ce que ce restaurant est plus cher que les autres restaurants du quartier ?

3. Est-ce que le camembert est meilleur que les autres fromages ?

4. Est-ce que le pont Neuf est plus ancien que les autres ponts de Paris ?

5. Est-ce que le mont Blanc est plus haut que les autres montagnes d'Europe ?

6. Est-ce que, dans votre pays, le football est plus populaire que les autres sports ?

3. **Compléter les phrases suivantes par :**

— bon, meilleur, le meilleur (en faisant les accords nécessaires)
— bien, mieux, le mieux

1. La prononciation de John est . . .

2. John prononce . . . le français.

3. La prononciation de John est . . . que celle de Peter.

4. La prononciation de John est bien . . . que celle de Peter.

5. John prononce . . . le français que Peter.

6. John prononce bien . . . le français que Peter.

7. John prononce beaucoup . . . le français que Peter.

8. Dans la classe, c'est la prononciation de John qui est . . .

9. Dans la classe, c'est John qui prononce . . .

10. Depuis que je porte des lentilles de contact, je vois beaucoup . . .

11. Les fruits frais sont . . . que les fruits en conserve.

12. Hubert a moins de fièvre, il va . . . qu'hier.

13. En mai, il fait généralement . . . qu'en avril.

14. Nous avons planté cinq rosiers ; c'est le blanc qui pousse . . .

15. C'est dans cette pâtisserie qu'on trouve . . . éclairs au chocolat du quartier.

16. Je trouve que c'est . . . de voir un film en version originale.

*4. **Compléter les phrases suivantes par les comparatifs et les superlatifs de *petit* et *mauvais* :**

1. Quel beau temps ! Je n'ai pas . . . envie de travailler.

2. Ce théâtre n'a que cinquante places. C'est . . . de Paris.

3. Vous travaillez de moins en moins. Votre devoir est encore . . . que le précédent.

4. Il y a toujours du monde sur la Côte d'Azur ; mais au mois d'août, c'est encore . . . !

5. Le samedi, les gens font leurs courses en voiture, il n'y a pas . . . place pour se garer.

6. Que vas-tu faire cet été ? Je n'en ai pas . . . idée.

7. L'hypocrisie, c'est à mon avis . . . des défauts.

8. Élisabeth est . . . que sa sœur.

9. C'est . . . film que j'aie vu cette année.

10. Il a tout organisé dans . . . détails.

*5. **Imiter l'exemple suivant :**

Ma sœur a trois enfants. Moi, j'en ai deux.
⟶ *Elle en a un **de plus** que moi.*

1. Cette semaine, j'ai joué deux fois au tennis. D'habitude, je n'y joue qu'une fois. Cette semaine, j'y ai joué une fois . . .

2. J'ai fait quinze photocopies. C'est trop, il n'en fallait que dix. J'en ai fait cinq . . .

3. Le garçon a apporté quatre cafés. C'est trop, nous ne sommes que trois. Il en a apporté un . . .

4. Il faut mettre trois pièces de 1 franc dans le distributeur de boissons. Je n'en ai mis que deux. Il faut que j'en mette une . . .

5. Le lundi, je n'ai que deux heures de cours. Le mardi, j'en ai quatre. Le lundi, j'en ai deux . . .

6. **Même exercice :**

Exemple :
Arrivez **tôt** samedi soir !
⟶ Arrivez **le plus tôt possible** !

1. Écris-moi **souvent** !

2. Docteur ! Venez **vite** !

3. Écrivez votre nom **lisiblement** !

4. Le professeur a expliqué la leçon **clairement** !

5. Elle marche **doucement** pour ne pas faire de bruit.

*7. Répondre aux questions suivantes :

Exemples :

« Est-ce que votre mari rentre toujours **aussi tard** !
— Oui, il rentre **de plus en plus tard.** »

« Est-ce que les gens écrivent **autant de lettres** qu'avant ?
— Non, ils **en** écrivent **de moins en moins.** »

1. « Est-ce que Birgit parle **bien** français ?
— Oui, ... »

2. « Est-ce que le champagne coûte **cher** ?
— Oui, ... »

3. « Est-ce que la malade va **bien** ?
— Oui, ... »

4. « Est-ce que vous voyez vos cousins Laroche **aussi souvent** qu'avant ?
— Non, ... »

5. « Est-ce que les gens consomment **beaucoup de médicaments** ?
— Oui, ... »

6. « Est-ce qu'il y a **plus de pollution** qu'avant dans les villes ?
— Oui, ... »

7. « Est-ce qu'il y a encore **beaucoup de paysans** en France ?
— Non, ... »

8. « Est-ce que la Terre est **plus peuplée** qu'avant ?
— Oui, ... »

8. Compléter les phrases suivantes par un comparatif ou un superlatif :

1. L'avion est . . . que le train.

2. Un disque compact coûte . . . qu'un disque microsillon.

3. Ma nouvelle voiture consomme . . . essence que la précédente.

4. Les légumes surgelés sont . . . que les légumes frais.

5. Tu joues au tennis beaucoup . . . depuis que tu as pris des leçons.

6. Victor Hugo est . . . des écrivains français du XIXe siècle.

7. Un kilo de plomb pèse . . . qu'un kilo de plumes.

8. Le 21 juin est le jour . . . de l'année.

9. La France compte . . . catholiques que de protestants.

10. Le métro est le moyen de transport . . .

11. Vincent travaille très bien ; il est devenu . . . élève de sa classe.

12. J'écris . . . avec un stylo feutre qu'avec un stylo à bille.

*9. Relier les phrases suivantes :

Exemple :
Votre appartement est grand. Je pensais qu'il était plus petit.
⟶ Votre appartement est **plus grand que je (ne) le pensais.**

1. L'examen a été difficile. Je croyais qu'il serait plus facile.

2. Pendant le week-end de Pâques, il n'a pas fait beau. On espérait qu'il ferait plus beau.

3. La visite du musée des Arts et Traditions populaires a été longue. Nous pensions qu'elle serait moins longue.

4. Dans ce magasin, il y a beaucoup de choix. Je pensais qu'il y en avait moins.

5. La réparation de ma montre a coûté cher. L'horloger m'avait dit qu'elle ne serait pas chère.

6. J'ai bien réussi mes épreuves de mathématiques au baccalauréat. Je n'espérais pas les réussir aussi bien.

10. Mettre le verbe entre parenthèses au temps qui convient :

A/ 1. Je suis parti à 8 heures, comme je le *(faire)* tous les jours.

2. J'ai réservé une table au restaurant comme je te le *(dire)*.

3. Je te donne mon avis, mais tu feras comme tu *(vouloir)*.

4. Venez à 5 heures ou à 6 heures, comme vous *(préférer)* !

B/ 1. Mes parents me traitent toujours comme si je *(être)* un enfant.

2. Il crie comme si nous *(être)* sourds.

3. Le chien s'est jeté sur sa pâtée comme s'il ne *(manger)* pas depuis huit jours.

4. Le ciel s'est couvert comme s'il *(aller)* pleuvoir.

5. Je lui ai demandé de se taire, mais il a continué à parler comme s'il ne me *(entendre)* pas.

6. Ils s'enfuirent comme s'ils *(voir)* le diable !

11. Compléter les phrases suivantes :

1. Il porte deux chandails comme si . . . .

2. L'enfant pleurait comme si . . . .

3. Mme Blanc se dépêche toujours comme si . . . .

4. Elle a préparé un énorme gâteau comme si ....

5. Elle s'habille toujours comme si ....

*12. **Répondre aux questions suivantes en imitant le modèle donné :**

*Est-ce que les Lenoir habitent dans **le même** quartier **que** vous ?*

⟶ | *Non, ils n'habitent pas dans **le même** quartier **que** moi.*
| *Non, ils habitent dans **un autre** quartier **que** moi.*
| *Non, nous habitons dans **des** quartiers **différents**.*

1. Est-ce que la femme des années 1980 a la même vie que la femme des années 1900 ?

2. Est-ce que Balzac a vécu à la même époque que Voltaire ?

3. Est-ce que Patrice a les mêmes idées politiques que toi ?

4. Est-ce que tu as le même caractère que ton père ?

5. Est-ce que Benjamin a le même âge que Rémi ?

6. Est-ce que vos cousins portent le même nom que vous ?

*13. **Compléter les phrases suivantes par plus . . . plus/moins . . . moins/plus . . . moins :**

1. . . . les examens approchent, . . . les étudiants deviennent nerveux.

2. . . . on vieillit, . . . on est souple.

3. . . . vous roulez vite, . . . vous consommez d'essence.

4. . . . le temps passait, . . . on avait d'espoir de retrouver les alpinistes disparus.

5. . . . l'hiver approche, . . . les jours raccourcissent.

6. . . . on travaille, . . . on a envie de travailler.

14. **Relier les éléments de la colonne de gauche aux éléments de la colonne de droite en inscrivant les lettres correspondantes dans les cases :**

A - Il est heureux		comme quatre
B - C'est simple		comme ses pieds
C - Elles se ressemblent		comme un i
D - Il mange		comme les blés
E - Il est malin		comme deux gouttes d'eau
F - Il est bête		comme une pie
G - Il est blond		comme un poisson dans l'eau
H - Ce professeur est ennuyeux		comme un singe
I - Il se tient droit		comme la pluie
J - Il est bavard		comme bonjour

Chapitre 30

Révision

1. **Compléter les phrases suivantes par un adjectif possessif, un adjectif démonstratif ou un article :**

1. Martin et Sabine aiment beaucoup . . . campagne et ils ont passé . . . dernières vacances dans . . . gîte rural.

2. Mon beau-frère travaillait dans . . . services diplomatiques et il a vécu . . . grande partie de . . . vie à . . . étranger. Ainsi il a eu . . . occasion de voyager dans . . . nombreux pays et de faire . . . connaissance de gens très divers. Maintenant qu'il est à . . . retraite, il raconte volontiers . . . souvenirs à . . . entourage.

3. . . . roman, qui vient de paraître, a été écrit par . . . jeune femme de . . . vingtaine d'années. . . . héroïne est . . . adolescente de seize ans. A travers . . . intrigue, . . . lecteur découvre . . . problèmes actuels de . . . jeunesse. . . . analyse intéressera aussi bien . . . jeunes que . . . parents. . . . ouvrage a été présenté à . . . télévision lors de . . . récente émission littéraire.

2. **Comparer les éléments donnés en employant des pronoms possessifs :**

Exemple :
L'appartement des Robinson / mon appartement
→ L'appartement des Robinson est plus spacieux que le mien.
→ **Le leur** est plus spacieux que **le mien**.

1. La pelouse de nos voisins / notre pelouse

2. Mes enfants / les enfants des Palaiseau

3. Le professeur de piano de Jean-Bernard / mon professeur de piano

4. Le congélateur de Jean et Cécile / ton congélateur

5. Ta recette de gelée de mûres / la recette de gelée de mûres de tante Marie

6. Les opinions de vos parents / vos opinions

3. **Compléter les textes suivants par des pronoms démonstratifs, indéfinis, personnels ou relatifs :**

1. Tu as des chaussures de ski ... la fermeture paraît très pratique. ... que je viens de louer ont une fermeture moins moderne ; je vais ... demander d'autres au magasin de sport.

2. Claire, ... qui aimes les poissons, regarde ... de cet aquarium ! ... sont extraordinaires ! ... est tout gris, avec des nageoires vertes et une queue rose, ... est d'un noir éclatant avec des raies jaunes.

3. La maîtresse a emmené les enfants de la classe au théâtre. Pendant le spectacle, ... écoutaient attentivement, mais ... s'agitaient et faisaient du bruit en mangeant des bonbons.

4. Hervé croit qu'il est un grand peintre ; tout le monde pense que ses tableaux sont très laids, mais ... n'ose ... ... dire !

5. J'ai participé cet été à une croisière en Norvège avec un de mes cousins. Tous les membres du groupe ... sont retrouvés le 1ᵉʳ juillet à l'aéroport, ... une hôtesse de l'agence de voyages ... a accueillis. L'avion nous a emmenés à Bergen de ... nous sommes partis en bateau pour visiter les fjords. Le guide ... nous avions était très sympathique et il ... a donné beaucoup d'explications très intéressantes. Je n'ai jamais ... vu de plus splendide que ces paysages nordiques ! Au retour, le récit ... nous avons fait à nos amis ... a donné envie d'aller, ... aussi, découvrir ce merveilleux pays.

6. Nous venons d'acheter une petite maison dans un village des Alpes-de-Haute-Provence. La plupart des habitants, ... vivaient de l'agriculture, sont partis chercher du travail ailleurs, et ... qui restent sont généralement âgés. Nous, ... qui nous a plu dans cet endroit, ... est justement son caractère sauvage car, comme beaucoup de Parisiens, ... rêvons de calme et d'air pur.

4. **Relier les éléments suivants en utilisant un pronom relatif :**

Exemple :
Employé / aimable / s'adresser à
⟶ L'employé à qui je me suis adressé était aimable.

1. Lettre / recevoir de Camille / faire plaisir.

2. Mannequin / présenter la collection d'hiver / mesurer 1,80 mètre.

3. Fête / ambiance / sympathique / durer jusqu'au matin.

4. Club de tennis / faire partie de / organiser un tournoi.

5. Enfant / jouet / montrer / avoir envie de.

6. Ami / avec / partir en croisière / passionné de la mer.

7. Ouvrir / tiroir / au fond de / trouver / paquet de vieilles lettres.

8. Conférence / assister à / intéressante.

9. Ville / habiter / ne pas avoir d'université.

10. Vin / commander / livré à domicile.

5. **Compléter les phrases suivantes par une préposition si nécessaire :**

1. Ils veulent bien . . . venir avec nous.

2. Les médecins espèrent . . . trouver bientôt un traitement contre cette maladie.

3. Depuis qu'il est à la retraite, il passe son temps . . . jouer au scrabble.

4. . . . le dimanche matin, beaucoup de gens font la grasse matinée.

5. . . . la télévision, je regarde régulièrement les émissions . . . la musique.

6. Cet étudiant habite . . . rue des Écoles.

7. J'ai trouvé un billet de 500 francs . . . la rue.

8. Il marchait . . . les mains . . . les poches.

9. Je n'aime pas . . . marcher . . . la pluie.

10. Ils ont tous commandé du coq au vin ; moi, j'ai préféré . . . prendre une escalope . . . la crème.

6. **Même exercice :**

1. Arrête . . . crier comme ça !

2. Claude a arrêté . . . ses études ; c'est dommage !

3. J'ai essayé . . . dix montures de lunettes avant de me décider.

4. J'essaierai . . . être là à 8 heures.

5. Nous avons choisi . . . une moquette très résistante pour la chambre des enfants.

6. C'est toi qui as choisi . . . être hôtesse de l'air. Ne te plains pas des inconvénients du métier !

7. Cette année, le conseil municipal a refusé . . . augmenter la subvention qu'il verse aux œuvres sociales.

8. Pourquoi refuses-tu . . . ma proposition ?

9. Il cherche . . . se rappeler le nom d'un ancien camarade de classe.

10. Il cherche . . . l'un de ses gants qu'il a dû laisser tomber quelque part.

11. Quand commences-tu . . . ton stage de voile ?

12. On vient de commencer . . . ravaler la façade de notre immeuble.

7. **Mettre le verbe entre parenthèses au mode et au temps convenables :**

1. Tout le monde souhaite que l'année nouvelle *(être)* meilleure.

2. Tout le monde espère que l'année nouvelle *(être)* meilleure.

3. Le nouveau ministre des Finances a annoncé que les contribuables *(payer)* moins d'impôts.

4. Le nouveau ministre des Finances voudrait que les contribuables *(payer)* moins d'impôts.

5. Il est possible qu'une nouvelle éruption volcanique *(se produire)* dans cette région.

6. Il est probable qu'une nouvelle éruption volcanique *(se produire)* dans cette région.

7. Il est évident que ce jeune cadre ne *(avoir)* pas encore les compétences nécessaires pour diriger le service commercial.

8. Je crains que ce jeune cadre ne *(avoir)* pas encore les compétences nécessaires pour diriger le service commercial.

9. Il me semble que rien ne *(pouvoir)* le faire changer d'avis.

10. Il semble que rien ne *(pouvoir)* le faire changer d'avis.

8. **Même exercice :**

1. Il paraît qu'on *(construire)* une nouvelle crèche dans le quartier.

2. Il est vraiment nécessaire qu'on *(construire)* une nouvelle crèche dans le quartier.

3. Beaucoup de médecins reconnaissent que l'homéopathie *(être)* un moyen efficace pour soigner certaines maladies.

4. Beaucoup de médecins ne croient pas que l'homéopathie *(être)* un moyen efficace pour soigner certaines maladies.

5. Les économistes doutent que la situation du commerce extérieur de la France *(s'améliorer)* dans les mois à venir.

6. Les économistes affirment que la situation du commerce extérieur de la France *(s'améliorer)* dans les mois à venir.

7. J'ai appris que Julien *(arriver)* premier aux régates de Saint-Malo.

8. Je suis ravi que Julien *(arriver)* premier aux régates de Saint-Malo.

9. Les correcteurs regrettent que peu d'étudiants *(savoir)* répondre à la question n° 3 de l'examen.

10. Les correcteurs disent que peu d'étudiants *(savoir)* répondre à la question n° 3 de l'examen.

9. **Deux amis dînent ensemble dans un restaurant réputé de Bourgogne. Imaginer un dialogue où ils font leurs réflexions sur le cadre, la cuisine, le service, etc. en employant les éléments donnés :**

trouver que	il me semble que	vouloir que
c'est dommage que	regretter que	être surpris que
ne pas croire que	ce serait bien que	

10. **Relier les phrases suivantes en utilisant soit une conjonction, soit une préposition de la liste suivante :**

à condition que / à condition de	avant que / avant de
en attendant que / en attendant de	après que / après
au moment où / au moment de	sans que / sans
de peur que / de peur de	pour que / pour

Exemple : Je vais aller faire cette course.
— Il fait nuit.
— Je rentrerai ensuite.

    ⟶ | Je vais aller faire cette course *avant qu*'il fasse nuit.
         | Je vais aller faire cette course *avant de* rentrer.

1. Vous pourrez suivre ce cours de gymnastique.
— Votre médecin vous le permettra.
— Vous aurez un certificat médical.

2. Les musiciens accordent leurs instruments.
— Ils vont commencer à jouer.
— Le concert va commencer.

3. Elle a dû envoyer un curriculum vitae très détaillé.
— Elle pose sa candidature.
— On examinera ses qualifications et son expérience.

4. L'homme a consulté l'annuaire du téléphone.
— Il y a une erreur de numéro.
— Il a peur de se tromper.

5. Ses amis ont préparé une fête pour son départ à la retraite.
— Il ne savait rien.
— Ils ne l'ont pas prévenu.

6. Nous avons fait des achats à la boutique hors taxes.
— Nous allons partir.
— L'avion va partir.

7. Il a sorti sa carte bleue.
— On lui a demandé de payer.
— Il a payé.

8. Ils ont changé d'appartement.
— Ils ont eu un troisième enfant.
— Leur troisième enfant est né.

11. **Relier les phrases suivantes en exprimant d'abord la cause, puis la conséquence :**

1. Julien et Mathilde aiment danser ; ils vont tous les samedis dans une discothèque.

2. La terre et les prairies sont sèches ; il n'a pas plu cet été.

3. Cette femme a beaucoup de charme ; on ferait n'importe quoi pour elle.

4. Marcel a changé les pneus de sa voiture ; ils étaient trop lisses.

5. Le mistral souffle très fort dans la vallée du Rhône ; on a planté des rangées de cyprès pour protéger les cultures.

6. Cette entreprise de micro-informatique a pris un grand développement ; elle emploie maintenant plus de cinq cents personnes.

7. Les prépositions par et pour se ressemblent ; les étrangers les confondent souvent.

8. Dans les grandes villes, beaucoup de gens se sentent seuls ; ils s'inscrivent à des clubs de loisirs.

12. **Relier les phrases suivantes en exprimant l'opposition de quatre façons différentes :**

    1.   Il pleut ; le match de football continue.

    2.   Le pont a été élargi ; la circulation reste difficile.

    3.   Marguerite est incapable de skier convenablement ; elle fait des efforts.

13. **Relier les phrases suivantes par *pour que* ou *parce que* en faisant les changements nécessaires :**

    1.   Le professeur répète ses explications.
          — Les étudiants n'ont pas bien compris.
          — Les étudiants comprendront bien.

    2.   J'ai laissé mon parapluie ouvert.
          — Il séchera.
          — Il est tout mouillé.

    3.   Leurs parents leur ont acheté une tente.
          — Ils ont l'intention d'aller camper avec leurs cousins cet été.
          — Ils pourront aller camper en Sicile l'été prochain.

    4.   Pourriez-vous taper votre texte à la machine ?
          — Il est illisible.
          — Je le lirai plus facilement.

    5.   Nous nous sommes arrêtés au bord de la route.
          — Les enfants veulent se dégourdir les jambes.
          — Les enfants se dégourdiront les jambes.

14. **Compléter les phrases suivantes :**

A/   1.   Je ne crois pas du tout l'histoire que ....

        2.   Sa réponse montrait que ....

        3.   As-tu pensé à ce que ....

        4.   Je me demande bien ce que ....

        5.   Rappelle-toi que ....

B/   1.   Je ne vois pas qui ....

        2.   Est-ce toi qui ....

        3.   Il voudrait bien savoir ce qui ....

        4.   J'ai oublié le nom de la personne qui ....

        5.   Connaissez-vous quelqu'un qui ....

15. **Même exercice :**

    1.   Elle ignore encore si ....

    2.   Je mettrai de la moutarde dans la sauce si ....

3. Ce jeune étranger s'exprime si . . . .

4. Le week-end dernier, nous serions allés visiter les châteaux de la Loire si . . . .

5. « . . . .
   — Si, bien sûr ! »

6. J'irais bien passer quelques jours à la campagne avec toi si . . . .

7. Ce sorbet à l'abricot était si . . . .

8. Resservez-vous si . . . .

9. Pourriez-vous me dire si . . . .

10. On a entendu un bruit épouvantable comme si . . . .

16. **Même exercice :**

A/ 1. Vous pouvez rester chez moi tant que . . . .

2. Mon fils a un vieil ours en peluche ; il y tient tant que . . . .

3. Il ne se taira pas tant que . . . .

4. Tant que . . . ., nous continuerons à passer nos vacances au bord de la mer.

5. Il neigeait tant que . . . .

B/ 1. La plupart des boulangeries sont ouvertes jusqu'à 20 heures, si bien que . . . .

2. Cet ouvre-boîtes ne marche pas aussi bien que . . . .

3. Les malfaiteurs ont réussi à s'emparer de la recette du magasin, bien que . . . .

4. Il fallait faire la queue pour visiter cette exposition, si bien que . . . .

5. Charles a toujours de la fièvre, bien que . . . .

C/ 1. Cet enfant a un caractère si . . . .

2. Je n'ai pas trouvé ce spectacle aussi . . . .

3. Malgré toutes les recommandations de prudence, il y a eu autant . . . .

4. Cette pièce de théâtre a eu tant . . . .

5. Le professeur répétera ses explications autant . . . .

17. **Relier les phrases suivantes par une conjonction de subordination en faisant les changements nécessaires :**

1. Le professeur parlait ; les étudiants prenaient des notes.

2. Quelqu'un passe devant la porte ; le chien aboie.

3. Nous avons des goûts communs ; nous sympathisons.

4. Nous sympathisons ; nous n'avons pas les mêmes idées politiques.

5. Tu crois toujours avoir raison ; il est inutile de discuter.

6. Michel tournait la clé dans la serrure ; le téléphone a sonné.

7. Donne cette lettre à Antoine ! Il la lira.

8. Dans plusieurs pays africains, on parle le français ; ce sont d'anciennes colonies de la France.

9. La fin de l'entracte sonnera ; les spectateurs regagneront leurs places.

10. Nous habiterions à la campagne ; nous aurions certainement un chien.

18. Même exercice :

1. Beaucoup de rapatriés d'Afrique du Nord se sont installés dans le Midi de la France ; le climat est méditerranéen.

2. Il aurait commencé à étudier le violon plus jeune ; il serait devenu un grand artiste.

3. Un homme d'affaires doit faire établir des notes de frais ; son entreprise le remboursera.

4. Nina est arrivée en France ; elle a fait beaucoup de progrès en français.

5. Le chien est sorti ; son maître ne s'en est pas aperçu.

6. Pierre et Paul sont jumeaux ; ils ne se ressemblent ni au physique ni au moral.

7. L'avion prend de l'altitude ; l'atmosphère devient de plus en plus claire.

8. Les soldats s'approchaient du camp ; ils entendirent des coups de feu.

9. Cette dame est complètement aveugle ; elle se déplace toujours toute seule.

10. Le bébé prendra son biberon ; vous le changerez et le remettrez dans son berceau.

19. Remplacer les groupes de mots en caractères gras par une proposition subordonnée de même sens :

1. **Depuis la signature du traité de Rome en 1951 par six pays européens,** plusieurs autres pays sont entrés dans le Marché commun.

2. **Malgré les dangers de cette course automobile,** il y a toujours de nombreux participants.

3. Christiane arrive de Bangkok ; **en raison de l'important décalage horaire,** elle n'a pas dormi depuis vingt-quatre heures.

4. **Par temps doux,** le vieil homme aimait s'asseoir sur un banc.

5. **En cas de maux de gorge,** je vous recommande de sucer ces pastilles.

6. **Avant sa restauration,** cet ancien hôtel du quartier du Marais était occupé par un atelier de confection.

7. **Depuis sa restauration,** cet ancien hôtel du quartier du Marais est devenu un centre culturel.

8. Nous n'avons pas pris le café sur la terrasse **de peur d'être gênés par le vent.**

9. **A la fin de l'été,** beaucoup d'hôtels des plages normandes ferment leurs portes.

10. Le conseil municipal a voté des crédits **pour l'aménagement de nouveaux espaces verts.**

11. **En dépit de l'habileté de ce restaurateur de tableaux,** les parties abîmées de cette toile restent visibles.

12. **Avec plus d'entraînement,** Antoine pourrait être classé joueur de tennis de première série.

13. **Grâce à la présence d'un service d'ordre très bien organisé,** la manifestation s'est déroulée dans le calme.

14. Le juge a fait relâcher le jeune homme inculpé, **faute de preuves.**

15. **Pendant le passage du col du Grand-Saint-Bernard,** nous avons croisé plusieurs groupes de cyclistes courageux.

20. **Relier les phrases suivantes par une conjonction de subordination en faisant les changements nécessaires :**

Exemple :
Elle a les yeux très fragiles ; c'est pourquoi elle porte souvent des lunettes de soleil.
⟶ Elle a les yeux très fragiles, si bien qu'elle porte souvent des lunettes de soleil.

1. L'énergie nucléaire présente des dangers ; cependant beaucoup de pays cherchent à la développer.

2. J'ai beau avoir arrosé la pelouse, elle est déjà complètement sèche.

3. Aujourd'hui samedi, c'est le jour du sabbat ; c'est pourquoi beaucoup de magasins de ce quartier sont fermés.

4. L'averse cessera ; ensuite les touristes reprendront leur promenade.

5. Il pleuvait à verse ; alors les touristes se sont mis à l'abri dans un café.

6. Le « Concorde » a été mis en circulation ; depuis, la durée du vol Paris-New York a beaucoup diminué.

7. Je recevrai de Hollande les oignons de tulipes que j'ai commandés, et je les planterai tout de suite.

8. On rend les livres à la bibliothécaire, elle les range à mesure dans les rayons.

9. Tu n'as plus de fièvre ; maintenant tu vas pouvoir te lever.

10. L'explosion a eu lieu ; l'avion allait décoller à ce moment-là.

11. Je ne reconnaissais plus les rues de mon enfance, tellement elles avaient changé.

12. Jean allait souvent chez les Blanchart ; il faisait alors son service militaire à Metz.

21. **Remplacer le gérondif par une proposition subordonnée de même sens :**

1. En entendant sonner, Marie a sursauté.

2. Vous avez abîmé un pneu en heurtant le trottoir.

3. Son cousin s'est noyé en faisant de la plongée sous-marine avec un mauvais équipement.

4. En refusant son invitation, vous l'avez vexé.

5. En refusant son invitation, vous le vexeriez.

6. Dimanche soir, en voyant la queue devant le cinéma, nous avons renoncé à y aller.

7. En faisant des courses au supermarché, j'ai rencontré tante Adèle.

8. En vérifiant la facture du garagiste, tu t'apercevras qu'il a fait une erreur.

9. En lui envoyant cette lettre avant la dernière levée, je suis sûr qu'il la recevra demain.

10. En composant le 17.89.18.15, vous obtiendrez le service des renseignements.

11. En arrivant en retard au théâtre, vous avez dérangé tout le monde.

12. En arrivant en retard au théâtre, vous dérangerez tout le monde.

13. En arrivant en retard au théâtre, vous dérangeriez tout le monde.

14. J'ai fait sauter les plombs en mettant simultanément en marche la machine à laver et le four.

22. Expliquer la valeur des temps des verbes en caractères gras :

Petit garçon, j'**allais** chez ma grand-mère chaque fin d'après-midi et **restais** avec elle jusqu'au dîner. Elle **avait connu** l'époque des petites filles modèles et c'**était** une très vieille dame. Lorsque j'**arrivais,** on **avait** déjà **allumé** la lampe à pétrole qui n'**éclairait** qu'un coin du salon. La nuit **tombait** dans la cour. Je **crayonnais,** je **découpais** à côté de ma grand-mère.

D'après José Cabanis, *Le Bonheur du jour,* © Gallimard.

23. Même exercice :

Louis **rejoignit** la salle des pas perdus. Il **était** trop tard pour aller dîner rue de la Croix-Nivert. Il se **dirigeait** vers les escaliers par où l'on **sort** de la gare quand il **remarqua**, à gauche, le petit buffet aménagé dans le passage vitré. Il y **pénétra, s'assit** à une table, **commanda** un café au lait et deux tartines.

Il n'y **avait** pas d'autres consommateurs que lui, en raison de l'heure tardive. Sauf, à une table du fond, une fille qui **paraissait** dormir, le front posé contre son bras replié. Louis ne **voyait** que ses cheveux châtains.

Patrick Modiano, *Une Jeunesse,* © Gallimard.

24. Transposer le dialogue suivant au discours indirect :

Le client s'approcha du chauffeur de taxi et lui demanda :

Le client : « Êtes-vous libre ? »
Le chauffeur : « Où voulez-vous aller ? »
Le client : « Je vais à l'aéroport Charles-de-Gaulle et je suis très pressé : j'ai un avion à prendre. »
Le chauffeur : « Montez vite ! S'il n'y a pas d'embouteillage, nous y serons dans vingt-cinq minutes. »
Le client : « Puis-je fumer ? »
Le chauffeur : « Je préférerais que vous ne fumiez pas. Je suis allergique à l'odeur du tabac. »

Aubin Imprimeur
LIGUGÉ, POITIERS

Dépôt légal n° 0414-08/1992 — Imprimeur n° L 41063
Collection n° 23 — Édition n° 05
Imprimé en France   15/4836/1